DERNIERS
VŒUX D'UN VIEIL ÉLECTEUR

DE 1789,

POUR

L'AVENIR DE LA FRANCE ET DE LA CIVILISATION,

PAR M. BERRYER PÈRE.

Prix : 2 fr.

PARIS :

CHEZ DENTU, IMPRIMEUR-LIBRAIRE,

GALERIE D'ORLÉANS, PALAIS-ROYAL, 13,

AINSI QUE CHEZ TOUS LES PRINCIPAUX LIBRAIRES.

—

1840.

DERNIERS

VŒUX D'UN VIEIL ÉLECTEUR

DE 1789.

DERNIERS

VŒUX D'UN VIEIL ÉLECTEUR

DE 1789,

POUR

L'AVENIR DE LA FRANCE ET DE LA CIVILISATION,

(PAR M. BERRYER PÈRE.)

PARIS,

CHEZ DENTU, IMPRIMEUR-LIBRAIRE,

GALERIE D'ORLÉANS, PALAIS ROYAL, 13.

AINSI QUE CHEZ TOUS LES PRINCIPAUX LIBRAIRES.

—

1840.

Je suis Français : j'ai été toute ma vie indépendant, sous le rapport de mes opinions politiques, n'ayant jamais exercé que la plus libre de toutes les professions. J'avais trente-deux ans quand la révolution me surprit. J'ai eu à observer et à supporter toutes ses phases dans ma modeste carrière ; souvent rapproché, par l'amitié, des grandeurs du jour, je ne leur ai jamais rien demandé et je ne leur dois rien, pas même d'honorifique ; c'est à mes services que je dois d'être chevalier de Malte.

J'ai été appelé, par état, à la défense des maximes les plus sacrées du droit des gens : je les ai vues pendant nombre d'années fouler aux pieds par le vandalisme révolutionnaire.

Dans l'ordre politique, sous l'Empire et sous la Restauration, j'ai eu à prêter mon ministère à d'illustres accusés, tombés sous les coups d'une prévention impitoyable.

Dans l'ordre purement civil, j'ai eu plus d'une fois à lutter pour le faible contre le puissant ; rôle qui, sous tous les régimes, m'a mis en discrédit.

J'ai donc acquis le droit de dire librement toute ma pensée. Je vais le faire sans aucune prétention. Les questions sur lesquelles j'ai à m'expliquer sont du domaine des publicistes les plus habiles et des économistes les plus exercés. Je suis loin de vouloir me ranger dans l'une ou l'autre de ces deux classes. Payer à ma patrie le dernier tribut de mes réflexions, tel a été mon unique objet, heureux si l'on y trouve quelques vues utiles !

Le cercle que j'entends rapidement parcourir est immense ; il embrasse tous les intérêts de la civilisation européenne, mais plus particulièrement ceux de la France, appréciés dans sa situation présente.

DERNIERS

VŒUX D'UN VIEIL ÉLECTEUR

DE 1789,

POUR

L'AVENIR DE LA FRANCE ET DE LA CIVILISATION.

Coup-d'œil général sur le ressort actuel des États.

Depuis trois siècles deux découvertes capitales, celles de la boussole et de l'imprimerie, ont changé la face du globe, les inclinations, les habitudes, les besoins, la destinée même des hommes.

Le génie du commerce, jusque là concentré sur quelques points, a pénétré partout : les extensions et les perfectionnements de la marine ont rapproché les deux pôles et multiplié les rapports entre les peuples les plus éloignés.

Les limites des États respectifs se sont étendues, dans les colonies. La puissance souveraine elle-même a reçu des ressorts tout nouveaux ; la force des gouvernements et leur tendance se sont très-notablement modifiées, d'après les impulsions du commerce, devenu l'instrument des conquêtes.

Simultanément le philosophisme a opéré une immense révolution dans les esprits : il a donné un nouveau cours aux idées ; il a brisé le sceptre de la monarchie et celui de la religion, il a inoculé des principes dangereux, décorés des noms enivrants de *liberté* et *d'égalité* : il a fait dévier les mœurs et élargi le cercle des besoins : il a détruit les rangs.

Son œuvre la plus désastreuse a été de priver la société du grand levier du *commandement*, sans lequel le travail, si nécessaire à tous, ne peut pas être obtenu ; il a professé une morale sans influence : l'esprit d'insubordination, le vertige du changement de condition ont surgi pour la perturbation de l'ordre.

Avec de tels éléments, que peut devenir la génération présente ? Quel avenir lui est-il préparé par le mouvement social ?

L'industrie, dont les prodiges dépassent chaque jour les besoins de la consommation ;

L'individualisme, qui n'admet que les intérêts matériels.

Voila les deux grands mobiles qui incessamment agissent sur les masses.

Ce qu'ils engendrent de plus certain, c'est le paupérisme, à côté des richesses acquises du passé à des possesseurs privilégiés, peu soucieux de l'agglomération des prolétaires qui les débordent.

Il est grand temps, pour les gouvernements, quelle que soit leur forme, pour le salut des propriétés et du corps social, pour celui des masses elles-mêmes, de se préoccuper plus sérieusement de cet état de choses, et d'une organisation qui mette le monde civilisé à l'abri des violentes commotions. Pour arriver à ce but, il faut d'abord qu'ils arrêtent tous entre eux les bases de leurs rélations commerciales, et qu'ensuite la France donne à son régime cons-titutionnel des institutions analogues.

SECTION 1ʳᵉ.

Droit des Gens international.

Le plan que les puissances de la terre ont désormais à se tracer
et à suivre, est de la plus imminente gravité. Il exige, au début, le
concours imposant de toutes les volontés dominatrices.

C'est sur le partage du globe entier, pour le commerce en concurrence, qu'elles doivent singulièrement l'exercer, dans un congrès
général où le droit des gens positif soit pertinemment décliné.

Du moment où c'est le commerce qui domine et qui dispose de
la consommation de tous les produits naturels et industriels, les
puissances doivent adopter pour dogmes *la liberté des mers, l'inviolabilité de leurs territoires et de leurs pavillons respectifs*, même le
transit à travers les lignes formées par les diverses dominations.

Elles devraient, pour le complément du droit international, faire
disparaître, de leurs codes civil et de commerce, les dispositions
trop hostiles et trop répulsives pour les étrangers, et poser des
principes uniformes pour les mariages, les successions, les testa-
ments, les effets de circulation, les faillites et autres vicissitudes
du commerce.

Sans rien déranger à la composition actuelle de leurs colonies,
elles devraient convenir qu'aucune d'elles ne pourra en former de
nouvelles sans leur exprès assentiment, et sans réserver aux autres
les moyens de coloniser à leur tour d'autres contrées dans la même
étendue.

Des traités de commerce devraient être conclus, entre toutes les
puissances confédérées, sur des bases et d'après des tarifs uniformes.

Telles étaient, dès 1781, les propositions faites aux divers cabi-
nets de l'Europe par l'impératrice Catherine de Russie, au sujet de
la neutralité armée : toutes y avaient accédé, à l'exception de la
seule Angleterre, dont la politique envahissante ne connaît plus
de bornes.

Napoléon seul a tenté d'arrêter cette soif d'envahissement, par
son blocus continental, qui repoussait de tous les ports de l'Europe les divers produits anglais.

Si, comme il est à craindre, l'Angleterre faisait scission avec le congrès général de l'Europe, et se refusait à toute concession, en persistant dans son système de suprématie et même d'exclusion, tous les souverains de l'Europe auraient, par réciprocité, le droit de lui fermer, ainsi qu'à ses marchandises, l'entrée de leurs ports. Il n'y a pas de mesure à employer plus efficace et moins meurtrière que cet interdit, pour se débarrasser du despotisme qui, depuis un siècle et demi, pèse sur le continent européen.

On devrait hésiter d'autant moins à prendre aujourd'hui cette vigoureuse détermination, que tous les produits exotiques, dont l'Europe ne peut se passer, lui seraient amplement fournis par les seuls États-Unis d'Amérique, rivaux naturels et puissants de la marine et des fabriques anglaises.

Car, après tout, le pavillon britannique, qui s'est placé comme dominateur de tous les marchés, n'est qu'un intermédiaire entre les producteurs des denrées coloniales et les consommateurs. Cet intermédiaire, à son tour, ne peut retirer que de l'Europe une foule de matières premières qui alimentent ses fabriques, ses arsenaux et ses diverses branches de consommation. Il peut donc à la fois être remplacé et avoir la main forcée.

Le point essentiel pour tous les États, que sa cupidité pressure et humilie, est de vouloir sortir de cet irritant servage. Il leur suffira de recourir à la force négative.

Déjà les douanes prussiennes ont adopté un système de prohibition et d'élévation de tarifs qui tend à ce but.

L'harmonie diplomatique ainsi obtenue, il s'agira de s'entendre sur la répression de certains abus qui nuisent plus ou moins à la sûreté réciproque ou aux intérêts des nations. J'ose m'expliquer sur quelques uns.

Droit des Gens à régler sur d'autres points.

De tous les droits que le congrès européen aurait à consacrer, le plus éminent, parce qu'il est de l'essence de toute souveraineté, soit monarchique, soit démocratique, est celui de l'*inviolabilité du territoire* de chaque État.

Par *territoire*, il faut entendre, pour les puissances maritimes, les rades et les rivages de la mer jusqu'à une distance convenue de la terre ferme. Les délimitations de ces dépendances du territoire sont nécessaires à fixer pour l'exercice exclusif du droit de pêche et pour *la libre pratique* du cabotage.

De tout temps, il a été tacitement entendu que les propriétés souveraines et nationales étaient inviolables ; mais, à défaut de convention *écrite* dans des contrats diplomatiques, il est arrivé plus d'une fois qu'un potentat ambitieux, abusant de sa force, a violemment envahi les limites naturelles d'un État voisin pour y porter la désolation.

Témoins en dernier lieu,

Le bombardement du port de Copenhague par les vaisseaux de l'Angleterre, à l'improviste, et sans déclaration de guerre.

L'invasion, par la force armée de Bonaparte, du territoire et de la petite ville d'Ettenheim (pays neutre et indépendant), pour tomber sur le paisible duc d'Enghein, et le précipiter criminellement dans le fossé de Vincennes.

Par respect pour la foi publique, dans l'intérêt et pour la sûreté des sujets respectifs qu'ils gouvernent, les divers souverains devraient rendre, en commun, des décrets solennels pour empêcher que jamais ne se répètent ces scandaleux attentats à la propriété (flottante sur les eaux ou protégée sur le sol par la loi territoriale) que commettent par surprise, en vrais pirates, ces émissaires d'un perfide ennemi, brusquant les hostilités sans manifeste.

Il entrera, dans les hautes délibérations de ce grand concile des rois, de réprimer aussi le plus odieux et le plus fatal de tous les brigandages, celui de l'altération des monnaies. Ces signes d'échange métalliques circulent pendant des siècles, dans tous les pays du globe, sous le scel imposant de l'une des puissances souveraines de l'Europe. L'empreinte d'une principauté reconnue ne laisse aucun doute que le titre n'en ait été religieusement épuré au creuset des hôtels des monnaies, et qu'ils n'aient la valeur intrinsèque qu'ils expriment.

Cependant, à toutes les époques, on a vu circuler dans le commerce des espèces métalliques qui étaient loin d'être au titre exprimé. En Prusse, au temps de la guerre de Sept-Ans, plus anciennement en Brabant, et jusque dans les cantons suisses, des émissions considérables ont eu lieu d'espèces inférieures à leur titre. La pudeur publique en a forcé la refonte, ce qui a entraîné la ruine de leurs derniers possesseurs.

Tout récemment, on vient de publier dans les journaux que des masses de pièces d'or, dites de 24 fr., ont été fabriquées à Hanovre sous un titre qui ne correspond pas à cette valeur, et cela pour le compte d'une maison de commerce colossale, il est vrai, mais non encore souveraine.

A l'instant, les journaux annoncent que dans l'envoi fait par l'État du Mexique à la France de pièces d'argent par millions, il y a, par l'altération du titre, un déficit de 1,300,000 fr. Cela est-il croyable?

Le congrès pourvoirait à ce que ces sortes de fabrications mensongères devinssent impraticables au moyen de vérifications solennelles qui précéderaient toute émission de monnaies.

A plus forte raison pourvoirait-il à ce qu'au mépris du droit des gens le plus sacré, ne souvrissent, par les ordres ou sous la tolérance d'un souverain quelconque, ces ateliers de fausse monnaie, où les empreintes légitimes sont contrefaites par le crime, dans la vue de faire la guerre à son ennemi.

A la honte de notre siècle, ces antres de Cacus ont vomi en France, de 1791 à 1794, des millions de faux assignats; et en Angleterre, vers 1803, de fausses bank-notes. Des documents authentiques attestent que ces forfaits ont été commis par mesure d'hostilité.

La grande charte européenne doit à jamais prévenir le retour de ces infernales fabrications.

Elle n'aura rien à statuer contre cet ignoble mode d'altération qui s'opère par les rognures. C'est à la police de chaque État à faire justice de leurs coupables auteurs.

On m'a cité comme notoire l'anecdote d'un armateur des États-Unis, dont toute l'industrie consistait à rogner le coronal des piastres qu'il expédiait par tonnes dans l'Inde. Il avait, m'a-t-on dit, gagné des millions à cette infâme manœuvre; à l'aide de ce que les Indiens, ayant la manie d'enterrer les piastres avec lesquelles on acquitte leurs salaires, n'ont jamais réclamé contre ces vols parcellaires.

L'hospitalité que tous les gouvernements ont accordée à la nation juive, depuis son expulsion de la Terre-Sainte, n'a été pour ses hôtes qu'un fléau, et pour elle-même qu'un état de bâtardise dans l'ordre de la civilisation.

En retour du bienfait reçu, les Juifs n'ont fait, dans tous leurs asiles, que profession d'usure et de brocantage, d'altération des monnaies, et de mauvaise foi dans les transactions; n'apportant que haine et que répugnance pour les mœurs nationales; n'adoptant aucune patrie, ne prenant aucune racine dans le sol, évitant toute fusion avec les naturels du pays.

De fait, ils sont devenus en Pologne, et en Alsace notamment, les vrais propriétaires des immeubles, en ce sens qu'ils y absorbent tous les produits et n'en supportent aucunes charges.

De fait, la majeure partie du numéraire circulant est devenue leur patrimoine. Ce sont eux qui ouvrent tous les emprunts publics et tous les grands travaux; ils tiennent toutes les dominations, même celle du Saint-Père, dans leur dépendance; ils auront bientôt tous les priviléges de la souveraineté, sans en endurer le fardeau. Sera-ce ainsi que se réaliseront les prophéties de leur empire universel? Tout semble le présager, jusqu'à l'empressement que mettent tous nos jeunes fashionnables, et même quelques anciens, à porter à leur menton la livrée de ce peuple errant.

Comment s'est-il fait que la religion catholique ait jadis, par les croisades, fait tant d'efforts pour lui reconquérir le royaume de Judée? Et que, depuis l'échec de ces sublimes efforts, aucunes voies n'ayent été tentées pour le classer définitivement dans les rangs de la civilisation? Jusqu'ici, la France seule, depuis 1789, en a fait la tentative : elle est loin d'y avoir réussi.

Comment la philosophie, qui depuis un siècle, ne cesse de prêcher les grands principes *d'humanité, de liberté, d'égalité*, au lieu de s'en tenir à ces théories vagues, n'a-t-elle pas songé à professer, à l'égard des Juifs, la nécessité de les élever partout au rang de citoyen, et de leur en imposer toutes les obligations?

N'est-ce pas la plus digne mission que le congrès puisse accomplir!

Sans doute il regrettera que le droit des gens ne lui permette pas d'étendre, jusqu'aux populations si malheureuses de l'Irlande les bienfaits de cette civilisation qui protége les *droits de l'homme.*

Sans doute encore, il proclamera, pour maximes immuables entre toutes les nations, qu'en aucun cas il n'est permis à aucune de recourir à l'infâme expédient de la trahison, soit de corrompre avec de l'argent ou des honneurs, la fidélité des agents d'une autre puissance.

Il érigera en droit commun le droit *d'extradition* de tous les malfaiteurs, qui ont fui leur pays pour échapper au châtiment de leur crime: il restreindra le droit d'asile aux accusés politiques, dont les méfaits ne sont que des erreurs ou des divergences d'opinion.

Il saura contraindre les hypocrites continuateurs de la traite des noirs à respecter la loi de la nature, qui défend à l'homme de faire trafic de la vie de ses semblables.

Il mettra sous une inviolable sauve-garde la propriété littéraire de tous les auteurs, si scandaleusement usurpée par des traducteurs qui la travestissent sans pitié, et par des imprimeurs qui ne rougissent pas de voler leurs confrères par de détestables contrefaçons.

Les marques et les empreintes des fabriques, qui sont aussi des titres de propriété, seront mises à l'abri des substitutions frauduleuses.

Ainsi le veulent les intérêts des sujets respectifs, la foi et la pudeur publiques. Nulle part on ne doit tolérer le métier de forban.

Enfin il prendra des mesures efficaces contre tous les genres de piraterie qui s'exercent sur la mer, en temps de pleine paix, par des bandits qui ne connaissent que la force et leurs repaires.

SECTION II.

Droit constitutionnel de la France.

Le droit commun des nations ainsi rétabli, viennent à fonder, chez chacune d'elles, les institutions qui leur conviennent. Nous n'avons pas à raisonner de celles qu'il a plu à nos voisins de se donner. Le sort de la France et son régime intérieur sont les uniques objets dont nous ayons à nous occuper. L'entreprise est assez grave pour exiger plus qu'une légère esquisse. Nous laissons aux hommes d'État la mission de l'approfondir, et nous nous bornons à ébaucher simplement ici un système d'organisation, qui nous semble le plus compatible avec la situation présente du pays.

Parlons d'abord de la forme nouvelle du gouvernement que la France travaille depuis cinquante ans à consolider.

Du gouvernement représentatif, constitutionnel et monarchique.

On a voulu l'asseoir, à l'instar de celui d'Angleterre, sur la division de la puissance publique en trois branches, dont l'une serait le pouvoir *exécutif* attribué au monarque mis héréditairement à la tête du gouvernement; la seconde, le pouvoir *législatif* exercé par une chambre élective, et la troisième, le pouvoir réviseur des actes des deux premières, délégué à une Chambre dite des *Pairs*, à la nomination du roi.

Le troisième degré de représentation, qui devait être au besoin un modérateur ou un contrepoids, aurait dû être investi de toute l'autorité que donnent la grande propriété et la notabilité des personnes promues à la pairie. Cette autorité naturellement aurait dû être constituée permanente; et elle ne pouvait le devenir que par le droit *d'hérédité*. La crainte de fonder une aristocratie dangereuse pour les libertés publiques a fait abolir ce droit d'hérédité; par cette abolition, l'État a été livré à tous les dangers inhérents à la constitution de 1791; l'absence de toute garantie pour les cas d'empiétement d'un pouvoir sur l'autre.

J'ai résisté de toutes mes forces à cette mutilation de la pairie.
J'aurais voulu qu'au lieu de diminuer si aveuglément son influence,
on prît à tâche de l'augmenter.

Votre pairie française, tout héréditaire qu'elle était, n'avait
pas, à beaucoup près, la prépondérance acquise depuis des siècles
à la pairie anglaise, par la grande propriété féodale et par le patronage des communes. Il fallait conquérir cette prépondérance pour
les pairs constitutionnels par des équivalents.

D'une part, la promotion à la pairie aurait dû s'opérer, sur la
présentation des candidats par la chambre élective et par la nomination du roi parmi les sujets présentés.

D'une autre part, la pairie aurait dû être investie d'un grand
patronage populaire. Les pairs les plus âgés auraient eu la mission
de résider chacun dans un de nos départements, à l'effet d'y recevoir les doléances des particuliers lésés par les autorités locales,
et d'en rendre compte au gouvernement. Les plus jeunes pairs
auraient été répartis en comités permanents, à l'effet d'examiner
ces innombrables projets journellement soumis à l'administration
publique ; ils auraient eu à faire le rapport de ceux de ces projets
qu'ils auraient jugés utiles, et à proposer les moyens d'encouragement dus à leurs auteurs. Ils auraient été les explorateurs, puis
les conservateurs des brevets d'invention et de perfectionnement.
La chambre aurait été de plus un grand jury appréciateur de l'impôt sur les portefeuilles, dont je parlerai.

De cette manière, la pairie, loin de porter ombrage à la classe
populaire, se serait concilié la confiance générale. Son suffrage,
en cas de dissentiment entre les deux pouvoirs législatif et exécutif, aurait été prépondérant.

Et pour qu'aucune considération ne pût le faire pencher d'un
côté plutôt que de l'autre, il aurait dû être statué que la dignité
de pair était incompatible avec toute fonction publique, tout emploi à la Cour, toute faveur personnelle.

Aucune de ces mesures n'ayant été adoptée, l'État constitutionnel
est resté sans régulateur, malgré la tendance naturelle qu'ont et
qu'auront toujours les deux pouvoirs à lutter l'un contre l'autre
sur la spécialité de leurs prérogatives.

Peut-être aurait-il été possible d'échapper à cette lutte, si le vœu
textuel de la charte de 1830 eût été rempli, si les lois organiques

sur la responsabilité des ministres et sur les administrations municipales eussent été portées. Par une inconcevable incurie, elles ont toujours été ajournées.

En 1838, la discorde s'est manifestée entre les deux pouvoirs. La chambre élective a prétendu à la suprématie dans l'action du gouvernement. Ce qu'il y a eu de plus fâcheux dans cette discordance, c'est qu'elle a été dirigée contre le personnel du ministère d'alors, et que, pour le faire tomber, les opinions les plus divergentes sur tous les autres points se sont coalisées.

Cette coalition monstrueuse, qu'a-t-elle enfanté jusqu'ici?

J'ai lu attentivement tout ce que les coryphées des divers partis ont publié de leurs antipathies contre le ministère de cette époque, et les pages qu'ils ont écrites pour implanter leur étrange système : *que le roi règne et ne gouverne pas.*

Ce qui m'a le plus surpris dans cette implantation, qui n'aboutit à rien moins qu'à l'abolition de la royauté, ça été de voir les députés de toutes les nuances considérer la puissance législative comme concentrée désormais dans leur Chambre; n'admettant plus de hiérarchie dans le pouvoir qui ne leur est que partiellement délégué, ni par conséquent le partage qui en est fait au Roi, ni le véto attribué par la charte à la Chambre des pairs.

Dans cette omnipotence usurpée et qu'ils empruntent à la nation contre sa volonté constituante, ils vont jusqu'à s'attribuer la vraie souveraineté et l'action gouvernementale, par l'entremise des ministres qu'ils prétendent devoir être préférablement à leur dévotion.

M. de Cormenin, dans ses élucubrations démocratiques, va jusqu'à imprimer crûment : *la Chambre des pairs ne compte plus pour rien.* Tout en accordant que le *roi règne*, il le condamne à la ridicule condition d'un simple automate, qui ne peut avoir aucune volonté.

Lui, M. Guizot, M. Thiers, M. Odilon-Barrot, chacun avec leurs variantes d'opinion, se sont accordés pour faire aux ministres d'alors une guerre que leur retraite a rendue oiseuse.

Tandis que le conflit subsistait sur le personnel des mandataires de la royauté, présageant qu'il se poursuivrait ultérieurement sur des objets autrement sérieux, notamment sur la doctrine : *le roi ne gouverne pas*, j'avais proposé de rédiger enfin la loi sur la responsabilité des ministres, lors de laquelle il faudrait bien que fût nettement posé le principe du gouvernement constitutionnel, pour ce qui en appartient au roi, d'un côté, et aux Chambres, de l'autre.

Pour le provisoire, voyant la chambre des pairs si inconsidérément dépouillée de toute influence, je m'étais rabattu à demander l'érection d'un *grand jury national*, qui viderait tous les différends entre le pouvoir législatif et le pouvoir exécutif.

Je cherchais un départiteur du moins temporaire. Mon expédient, comme tant d'autres que l'amour de l'ordre m'a inspirés, n'ayant pas eu de suite, j'en reviens à l'exécution littérale de la charte de 1830, qui constitue la pairie portion intégrante du gouvernement représentatif. J'insiste fortement pour qu'on lui restitue toute sa dignité, toute son autorité *législative*, toute son influence et morale et légale.

Ni la Chambre élective, ni la royauté n'ont rien à redouter de cette réintégration : elle ne peut amener qu'une médiation toujours sage; toujours impartiale et rassurante pour les libertés publiques; surtout si l'on donne à la pairie l'investiture que je sollicite et qu'on la dote du patronage dont j'ai signalé les premières attributions.

Simultanément, que l'on définisse avec précision les diverses causes qui donneraient ouverture à la responsabilité des ministres du roi; que l'on détermine les peines qu'ils auront encourues, suivant l'exigence des cas; que l'on règle la compétence pour le jugement et l'application.

Qu'enfin l'on se décide sur l'œuvre tant désirée de la décentralisation; qu'on laisse aux administrations municipales la répartition de l'impôt et des charges publiques, ainsi que le règlement des dépenses locales.

Et l'on aura, suivant nous, dans le gouvernement représentatif, toutes les garanties que réclame la raison publique.

Loin de nous toutes ces vaines théories que l'esprit des révolutions (insatiable encore après les cinquante années d'épreuves si funestes qu'elles nous ont fait subir) enfante incessamment et s'efforce de substituer aux avantages si péniblement conquis d'une finale constitution. La plupart de ces théories sont ou des rêves sortis de cerveaux exaltés, ou des machinations ourdies par la malveillance qui n'aspire qu'au désordre, qu'à la perturbation de la société, dans l'unique vue de se saturer des dépouilles d'autrui.

Entre autres améliorations rêvées, hors des termes de la charte de 1830, les novateurs agitent la question (vitale selon eux, inconstitutionnelle et intempestive selon nous) d'une *réforme électorale*. Ils sont loin encore de s'accorder entre eux sur les éléments de cette réforme.

Les partisans fougueux de la démocratie pure réclament le *suffrage universel*, soit la concession du droit d'élire les représentans de la nation à tout individu soumis à un impôt quelconque, fût-il très-minime ; c'est-à-dire, qu'ils appellent à grands cris la république de 93 , avec tous ses fléaux.

Les plus modérés se contentent de revendiquer le droit d'élection pour les classes des contribuables les plus relevées; soit pour toutes celles qui acquittent au moins moitié du cens usuel de 200 fr. Ils y adjoignent tous les membres de la garde nationale, tous les fonctionnaires et les membres du jury qui ne sont pas inscrits comme censitaires. Et, par ces nouvelles catégories, ils arrivent au nombre de 417,000 électeurs, qui serait à peu près le double de celui obtenu par la loi de 1831.

Quelle est donc la nécessité qui, après huit ans à peine, commanderait ces subversions subites de tout le système électoral! Nulle part elle ne se fait sentir aux vrais amis de l'ordre, qui ne le trouvent que dans la stabilité des institutions constitutionnelles.

La seule proposition de retoucher à une loi si récente est une vraie calamité, en ce qu'elle soulève la même divergence d'opinions que la suprématie parlementaire. L'abaissement du cens électoral, l'adjonction des capacités, le traitement ou l'indemnité à accorder à chaque député, et une foule d'autres difficultés incidentes, seraient de nature à absorber tout le temps de la session prochaine, déjà insuffisant pour l'expédition des affaires d'urgence, dans l'intérêt et peut-être pour le salut du pays.

Si plus tard, et dans un moment plus opportun, il y avait une modification à proposer de la loi de 1831, ce serait celle qui restreindrait le nombre des employés du gouvernement, éligibles pour la députation. Sans doute, il est de l'essence du gouvernement représentatif qu'il y ait sympathie entre les pouvoirs, et, par conséquent, quelque fusion d'idées et même d'intérêt. Mais il ne faut pas que le mode de leur association aille jusqu'à dénaturer un pouvoir aussi essentiel à la conservation des libertés publiques et à la représentation nationale, que celui de la *Chambre élective*. Il faut éviter que, par la majorité des députés fonctionnaires publics et salariés, cette Chambre ne dégénère en un corps exclusivement dévoué à la puissance *exécutive*.

En aucun cas, la balance entre les pouvoirs ne doit pencher d'un seul côté. Le mieux est de placer l'équilibre dans les institutions mêmes.

Pour les gouvernements représentatifs, monarchiques, l'équilibre existe dans l'harmonie des pouvoirs et non pas dans la participation à l'exercice du commandement. La loi fondamentale doit régler le cercle d'action, soit le mouvement de tous les ressorts de la machine sociale. Si ces ressorts étaient égaux en force, ils se neutraliseraient l'un l'autre. Si l'un d'eux, destiné à céder, arrivait à dominer les autres, il y aurait détente de la machine et perturbation générale.

En Angleterre, l'harmonie entre les pouvoirs s'est établie lentement, sur les bases posées par la grande charte de 1215, obtenue de la royauté par les grands feudataires du royaume, stipulant dès-lors les intérêts des communes, ou les libertés publiques. Ces puissants missionnaires, sont devenus par la loi des substitutions, le premier ordre de l'Etat, sans prétendre le gouverner seuls. Satisfaits de leur prépondérance, ils ont laissé au roi la dignité suprême, le sceptre du commandement, et aux communes le droit de voter l'impôt et de défendre leurs libertés séculaires. Tout y a marché jusqu'ici par cette vieille organisation des rouages. A quels développements de puissance n'a-t-elle pas conduit la nation anglaise!

En France, la révolution de 1789 a voulu fonder un gouvernement représentatif sur la démarcation bien distincte des deux pouvoirs législatif et exécutif. Mais elle n'a nullement songé à interposer, entre eux, un médiateur prépondérant, tel que la Chambre des lords. Loin de là, en haine de toute aristocratie ou supériorité sociale, elle a aboli l'ordre de la noblesse, les substitutions, les privilèges et détruit jusqu'à la puissance morale du clergé. Elle a professé hautement, sans les bien définir, les dogmes abstraits de la *souveraineté du peuple, de la liberté et de l'égalité.*

On sait de reste quel épouvantable régime est sorti de ces fausses théories.

Du chaos a surgi une première idée lucide, celle de la division de la puissance législative en deux Chambres, le *Conseil des cinq cents* et le *Conseil des anciens*; mais aucun prestige n'a environné ce dernier, pour lui attribuer la prépondérance médiatrice.

Bonaparte, on le sait, n'avait pas créé le sénat conservateur pour se donner des maîtres. Toutefois, à la chute de son empire, ce corps trouvé debout, a été converti en une Chambre haute destinée, sous le nom de *Chambre des pairs*, à modifier les actes de la puissance législative.

J'en ai assez dit sur les déviations et les mécomptes de la charte de 1814, quant à cette érection de la Pairie, dégénérée bientôt en commensale pour ainsi dire de la couronne, peu soucieuse (dans l'opinion du moins), de l'intérêt des masses, dont elle n'était pas instituée gardienne. L'absence du contrepoids qu'il eût fallu y placer, a fait sombrer la Restauration, soit la royauté de la branche aînée.

Dans les journées de juillet, le mouvement populaire a failli faire sombrer la monarchie elle-même. On ne s'y est nullement occupé de la réorganisation de la Pairie pour la rendre plus nationale. On l'a, au contraire, considérée dès-lors fort mal à propos, comme ayant jeté des racines trop profondes pour ne pas menacer les libertés publiques. On s'est réservé, pour la charte de 1830, d'affaiblir sa puissance.

Dès 1831, l'abolition de l'hérédité de la pairie a eu ce funeste résultat.

Plus de contrepoids possible à espérer en ce désarroi et cependant il en faut un; car voilà des luttes sérieuses engagées entre la puissance législative et la puissance exécutive. C'est un gouvernement *parlementaire*, que les esprits forts du jour entendent asseoir sur la souveraineté du peuple. Les ministres du roi, qui agissent, ne devraient recevoir l'impulsion que de la Chambre élective. Le roi, auquel on n'ose pas contester le droit de *régner*, ne *gouvernerait* rien, ni au dedans, ni même au dehors : toute pensée, tout vouloir lui seraient interdits !

La Chambre des Pairs *ne comptant plus pour rien*, n'est pas même consultée sur cette décomposition de la monarchie.

Il n'y a, dans toutes ces prétentions, qu'ambitieuse équivoque et usurpation. Le système que *le roi ne gouverne pas* n'est tolérable qu'en ce sens que le roi n'*administre* pas par lui-même ; qu'il n'est que l'ordonnateur de l'administration, réglée par les lois de l'État, auxquelles il ne peut pas déroger. Ce qu'il ordonne dans ce cercle, ses ministres l'exécutent sous leur responsabilité, tant envers lui qu'envers les deux Chambres.

J'en reviens, pour mettre un terme à d'aussi dangereuses oscillations, à ma double proposition de mettre à l'urgence la loi sur la responsabilité des ministres, et d'investir la Pairie *héréditaire* et indépendante, du patronage réel des libertés publiques.

Par là, le gouvernement représentatif se trouvera immuablement fondé en France.

La charte de 1830 commande impérieusement la première de ces deux mesures, avec l'émancipation municipale.

Quant à l'élévation de la Pairie à la suprématie *morale* la plus éminente que possible, c'est la nature même du gouvernement représentatif qui la comporte et en appelle la haute influence.

Le monarque constitutionnel n'a rien à redouter de l'indépendance absolue de ce pouvoir intermédiaire, qui n'aura jamais à s'exercer que pour la conciliation. La noble impartialité de son entremise garantit, à l'avenir, tous les droits impartis par la charte.

Récapitulez toutes les opinions qui se sont produites dans ces derniers débats.

Il n'en est aucune qui ait nié les avantages du gouvernement représentatif, ni qui ait eu la témérité de s'insurger contre la charte de 1830 : toutes la maintiennent ; elles ne varient que sur l'exécution à lui donner par des lois organiques, pour que l'action du gouvernement soit toujours tutélaire des vrais intérêts du pays.

Dans le parti hostile au gouvernement du roi, ou parlementaire, combien de dissidences, sans qu'aucune arrive à la proposition de rien changer au système représentatif, fondé, par la charte de 1830, en monarchie constitutionelle.

Les plus rudes joûteurs, contre le monarque, ne vont pas jusqu'à voter l'abolition de la monarchie : ils n'y aspirent que sourdement, en soumettant la charte de 1830 à la sanction du *suffrage universel*, et la royauté à la castration, afin de ne laisser au chef de l'État que les magnificences de l'eunuque du palais.

Tous les autres dissidens ne font à la charte qu'ils prétendent respecter qu'une guerre d'interprétation; s'obstinent à y lire le contraire de ce qui y est écrit. C'est-à-dire qu'à leur sens *le Roi règne et ne gouverne pas*; définition sophistique et fausse, en présence du texte qui lui confère une portion du pouvoir législatif et du droit, qu'elle place en lui seul, de diriger la diplomatie, mission toute personnelle et le plus souvent mystique.

Ceux-ci admettent du moins que, dans toutes les affaires, le Roi est partie nécessaire aux transactions que réclame sans cesse le gouvernement représentatif et qui sont de son essence.

Ceux-là professent hautement qu'aucune violation de la charte n'est à craindre de la part de la royauté; ils se plaignent seulement de l'entourage du trône et de ses tendances. Pourquoi? parce qu'ils sont éloignés du pouvoir.

Tous, pour paralyser la royauté, excipent de ce qu'elle est *inviolable* et *irresponsable*, de ce que la charte fait retomber la responsabilité des actes du gouvernement sur les ministres du Roi; d'où ils déduisent la conséquence que les ministres ne sont comptables qu'envers la Chambre élective, et qu'en dernière analyse, l'action de gouverner est toute *parlementaire*.

Aucun n'ose aller jusqu'à prétendre que la Chambre élective puisse et doive juger les divers cas de cette responsabilité encourue, même alors qu'ils seraient déterminés par une loi positive. La loi n'existant pas encore, n'est-ce pas se perdre dans un cercle vicieux?

Pour en sortir, il faut d'urgence porter cette loi et instituer dans la Pairie régénérée, l'arbitre modérateur qui règlera les conflits de pouvoirs.

Par cette double institution organique, la charte de 1830 sera enfin la *charte vérité*; elle recevra son exécution, dégagée de toutes entraves et protectrice de tous les intérêts.

Nous sommes bien avertis par les cinquante années de tourmente que les rêves du perfectionnement nous ont causées; de nous en tenir à cette dernière œuvre constituante, comme à l'ancre du salut.

Ne nous laissons plus séduire par ces belles théories professées par les deux apôtres les plus fervens de l'humanité, les abbés Sieyes et de La Mennais, prêchant de la meilleure foi du monde (hors de l'ordre social établi depuis tant de siècles), l'un, « qu'une « nation ne peut jamais aliéner son droit de souveraineté, par quelque

« pacte que ce soit, et qu'elle est toujours la maîtresse de changer
« le système de son gouvernement : » l'autre, « que tous les hommes
« sont *frères*, qu'ils doivent mutuellement s'entr'aider ; que ceux
« qui possèdent les biens de la terre, doivent les partager avec
« ceux qui ne possèdent rien ! »

Tout est beau dans ces contemplations du premier âge de l'univers et des mœurs antédiluviennes. Mais la fondation des sociétés humaines répandues dans plusieurs régions, leur division en plusieurs corps de nation, l'ordre hiérarchique commandé dans chaque État pour obtenir le mouvement social, la distribution graduelle et héréditaire des propriétés, la succession de tant de siècles ont entrainé de nombreuses modifications au droit naturel. Il faut s'y soumettre, et vouloir, non pas ce qui serait le mieux possible, mais tout ce qui est praticable dans la situation présente de tant d'États divers, de la civilisation et des individus.

Combien de mécomptes pour les masses dans ces déviations de l'enseignement populaire ! Le bienfait n'est pas dans les doctrines dont on les berce, mais dans la pratique des vertus sociales qu'on doit leur suggérer.

La première des vertus sociales est dans l'obéissance aux lois, à la loi *constitutionelle* surtout, une fois qu'elle est complète et que son exécution convient au plus grand nombre.

Pour s'assurer du fait, que la majorité des Français l'adopte, et en même temps de l'unanimité de leurs efforts pour la maintenir, je serais assez d'avis de faire dépendre, de cette adoption absolue, l'exercice du droit politique *d'élire et d'être élu* pour les fonctions publiques. Les intérêts de la société ne doivent être confiés qu'à ceux qui en ont accepté le contrat, et qui sont résolus, par conviction de son utilité, à l'exécuter religieusement et à le faire exécuter avec fermeté.

SECTION 3.

Du régime administratif. — Plaie à cicatriser la première. — Le Paupérisme.

J'arrive ainsi, non pas à régenter le gouvernement intérieur de la France (ce qui me siérait mal), mais à lui rappeler certaines opinions que j'ai déjà émises ailleurs, sur le régime qui semble devoir être approprié à sa constitution actuelle.

La première attention de tout gouvernement doit être de se préoccuper sans cesse du sort du plus grand nombre de ses administrés, qui sont les travailleurs ou les agens de la production: par cette double raison, que leur constante activité est toujours indispensable et que de leur désœuvrement naissent la misère et le désordre.

Pour obtenir de tous le travail continu, que de précautions à prendre! que d'obstacles à surmonter aujourd'hui!

Un si grand nombre approche de l'âge viril, avec le funeste penchant vers la vie oisive : leur première éducation aurait dû tendre, par dessus tout, à leur faire sentir l'absolue nécessité de payer la dette du *travail* dont il sont capables, au corps social, qui, en échange, doit les nourrir, comme les plus précieux de ses membres.

A cette tendance de l'instruction primaire, il faut joindre l'indication du genre de travail auquel chaque individu est propre, d'après la condition où il est né, d'après ses facultés naturelles, le plus ou moins de facilité et d'opportunité à les développer. Les maîtres, les chefs de famille, devraient s'appliquer à donner, aux enfants, une direction analogue à la classe de leurs pères.

La grande plaie de nos temps modernes de révolution, est dans le goût, inspiré aux générations, du changement de l'état dans lequel elles sont nées. Elles aspirent toutes à un état plus relevé qu'elles supposent devoir être le meilleur. Sans doute cette ambition est naturelle ; elle a même quelque chose de légitime : mais la multitude, qui s'élance vers les régions plus hautes de la société, en est repoussée par l'évidente insuffisance des emplois, pour les capacités innombrables dans une même catégorie de talents. Rien n'est plus alarmant que l'affluence de ces capacités dans des impasses ; elles y sont condamnées à l'inertie, bientôt à la misère, et plus tard à l'oubli de tous les devoirs sociaux.

Ce qui aveugle l'adolescence, sur les dangers de ces courses ambitieuses, c'est d'abord la complicité des parens, dont l'amour-propre est flatté des progrès prétendus de leurs enfants ; c'est ensuite cette soif ardente des jouissances de la vie, allumée par une éducation matérielle, qui n'impose aucun frein aux passions ; c'est la lecture des journaux, où, tous les matins, dans les plus humbles cabanes et jusque sur les bornes, les imberbes vont puiser des leçons d'athéisme, ou des récits de romans qui tolèrent et même récompensent le vice ; ce sont les spectacles où il est mis en action, le plus souvent sans encourir aucune censure ; c'est enfin l'insouciance ou la faiblesse du gouvernement qui n'oppose rien à ces torrents, ou qui craint, en les arrêtant, d'être hostile à la liberté.

Au fond de tout ceci, ce que l'on trouve, c'est la boîte de Pandore. Ce qui pourrait en sortir prochainement, ce serait, contre la civilisation, une éruption de fusées à la Congrève.

Pour détourner cette catastrophe, j'ai proposé diverses mesures à adopter ; les unes pour la génération virile et déjà lancée ; les autres pour la génération qui s'élève et dont l'avenir est encore à préparer.

Pour la génération présente, déclassée en surabondance, le gouvernement débuterait par faire dresser la statistique exacte de toutes les professions, telles qu'elles sont exploitées par le nombre, singulièrement de celles qui tiennent à la bureaucratie en général, à la banque, à la judicature, aux arts, au haut commerce, aux fabriques, aux grands magasins. Il y annexerait un calcul approximatif du nombre des emplois qui peuvent, chaque année, devenir vacants dans les divers arrondissements, et des demandes à satisfaire.

A la vue d'un tel annuaire, les aspirants seraient dissuadés de persister dans leur poursuite et forcés de se rejeter sur d'autres professions. Les écoliers, les étudiants en droit, en médecine, pharmacie, dessin, peinture, etc., ne songeraient pas à entrer dans une carrière qui ne leur offre aucune issue. Aujourd'hui, par exemple, que la noblesse a tant perdu de son éclat, que les Turcaret modernes se montrent si économes, que le règne des profusions et du grand luxe est passé, quelles espérances la jeunesse peut-elle asseoir sur les arts qui ne vivent que de l'opulence des consommateurs enthousiastes de leurs chefs-d'œuvre? Sous le niveau des conditions, les talents ont trop rarement à compter avec la munificence.

A ce premier moyen de diriger le choix des professions, viendraient s'en joindre d'autres, propres à déterminer l'adoption héréditaire du toit et de l'état paternels.

Par exemple, les droits politiques affectés à la propriété, sont des distinctions qui en rehaussent la valeur. Un appendice à la loi électorale devrait statuer, que ces droits ne pourront être exercés par le propriétaire, qu'au lieu de sa naissance et qu'autant qu'il aurait continué d'y résider. Par un tel statut cesseront les migrations perpétuelles des campagnes; les élections seront faites avec plus de discernement; les conditions d'éligibilité seront mieux vérifiées et appréciées.

Outre les fonctions temporaires d'électeur et de député, il en est plusieurs autres qui sont permanentes, attachées aux localités et aux résidences : ce sont celles des membres, des conseils généraux de départements, des conseillers municipaux, des maires et adjoints, des juges de paix et de leurs greffiers; en sous-ordre, celles de gardes forestiers, gardes champêtre, experts arpenteurs assermentés. Ne s'assurerait-on pas de la fidélité au pays natal, en réglant que nul ne serait apte à être revêtu de ces fonctions locales, qu'autant qu'il justifierait de la continuité de sa résidence dans le canton?

On parviendrait encore à attacher les jeunes gens au pays d'origine, par deux modifications aux lois et ordonnances sur la conscription militaire.

Ce serait de décréter que nul ne pourra être admis à se faire remplacer, qu'autant qu'il justifiera avoir résidé sans interruption dans la commune qui l'a vu naître, qu'il y est employé à la culture, ou qu'il y exerce une profession au service de la vie rurale.

Décréter encore que nul ne sera reçu pour remplaçant d'un

conscrit, qu'à la condition de prouver qu'il est resté dans la même commune, depuis son enfance.

Les recettes des contributions, les bureaux de tabac et de timbre, les bourses dans les colléges ne seraient donnés, par le gouvernement, qu'aux naturels d'un même département qui n'en seraient pas sortis.

A mérite égal, ces naturels seraient encore préférés pour les fonctions de juges.

Ces dispositions préventives et d'autres analogues, dont l'administration doit se préoccuper, produiront, tôt ou tard, l'effet si désirable de dissuader la jeunesse de tous ces changements de lieux et de professions, qui ne la conduisent qu'à de funestes résultats. Mais cet effet ne peut se produire qu'à la longue et au bout de plusieurs années.

En attendant, il y a urgence de parer aux inconvénients graves, nés du système d'éducation et des tendances qui prédominent en France depuis si long-temps. Il y a désappointement, pour une multitude de capacités inoccupées, inquiètes et remuantes, qui ont besoin tous les jours de subsistance et qui, ne pouvant ou ne voulant se la procurer par aucun travail, intriguent pour l'obtenir par des voies illicites. L'action de la police ne s'exerçant sur eux qu'à raison des délits dont ils se rendent coupables, ils s'ensuit qu'il y a toujours attentat commis, tandis que la réparation du préjudice causé est le plus souvent incertaine, même impossible.

Éclairée par l'expérience et stimulée au plus haut degré, par l'imminence du danger présent, l'administration doit remplir sa haute mission d'assurer le salut public; elle doit demander à la loi de l'armer de toutes ses rigueurs contre les ennemis de l'ordre social, et de la doter de toutes ses munificences, pour le soulagement immédiat de l'indigence constatée.

La tourmente qui nous menace tient à deux causes bien distinctes qui nécessitent l'emploi de mesures différentes.

La malveillance et la misère.

La malveillance ! elle est suscitée ou par l'esprit de parti, ou par la démoralisation des individus, qui les porte, de la paresse au vagabondage, et du vagabondage aux attentats contre les personnes et les propriétés. L'esprit de parti, quand il va jusqu'à l'action de nuire à la chose publique ou aux particuliers, doit être réprimé par la loi pénale : elle doit frapper tous les perturbateurs du repos public, quelque couleur qu'ils prennent. Les mesures de répression, portées pour les temps ordinaires, doivent être plus sévères et plus inexorablement appliquées à ces époques de crises, répétées avec violence, sur tant de points à la fois. Désormais, en l'absence de toute force morale pour ramener les agitateurs au respect de l'autorité, c'est à la force légale coërcitive qu'on est contraint de recourir.

Le républicanisme a dominé par la terreur, pour traquer les fortunes et exterminer les talents.

Le gouvernement constitutionnel doit avoir la fermeté du commandement, pour défendre la société contre les aggressions des novateurs; pour conserver les propriétés et la civilisation qui n'a point d'autre appui. Ce ne sont pas seulement les émeutes dans la rue, le tumulte dans les marchés, les incendies de forêts, qui appellent hautement sa vindicte.

Il faut encore qu'il soit inexorable contre toutes ces menées sourdes, pratiqées avec un art perfide pour corrompre les masses et les pousser à l'anarchie. Les entreprises, même indirectes de la presse contre le pouvoir qu'elles attaquent bien plus que son personnel, les saturnales des théâtres, doivent sans cesse exciter son intolérante sollicitude. En politique l'impunité des offenses est un coup mortel porté au cœur de l'État. En décrétant la liberté de la presse, la charte de 1830 n'a pu entendre qu'elle décrétait la licence. Tout ce qui tend à déconsidérer et à avilir les autorités constituées doit être sévèrement interdit et rigoureusement puni. La censure licite des actes du pouvoir ne doit jamais aller jusqu'à l'injure.

En 1810, un code des crimes ou délits et des peines a été promulgué; mais c'est au gouvernement impérial, qu'il a été approprié. Le régime nouveau de la monarchie constitutionnelle, tel qu'il a été définitivement fondé en 1830, sur une doctrine dont on abuse, appelait peut-être une refonte générale des dispositions de 1810, au lieu de ces retouches partielles dont l'insuffisance s'est fait sentir, notamment dans la jurisprudence de la Cour des pairs.

Mais ce qui tourne le plus rapidement à la ruine de nos institutions, c'est l'excès d'indulgence dans l'application des peines encourues ; c'est la théorie peu sobre des *circonstances atténuantes*.

Plus bas, en traitant de la police, j'indiquerai divers autres moyens de comprimer la malveillance. Les bons ne doivent pas souffrir du contact des méchants.

La misère ! Cette deuxième cause de la tourmente qui nous menace exige, au contraire, de l'administration qu'elle se montre toujours compatissante et secourable. En elle-même la misère n'est que trop souvent l'ouvrage du sort dans les classes inférieures. N'y dut-on voir que l'état de souffrance, ce serait déjà un motif bien puissant de lui venir en aide. La seule humanité y convie assez impérieusement les ordonnateurs.

Mais ce n'est pas seulement une impulsion philantropique qui doit les entraîner. La misère non soulagée arrache l'homme à ses bonnes inclinations ; la fièvre du besoin altère le plus heureux naturel. L'être qui souffre cède aisément à toutes les séductions qui lui promettent un terme à ses souffrances. Il devient un instrument de désordre et un instrument d'autant plus dangereux que la bannière qu'il arbore est la *faim*. Quelle résistance peut-on opposer à un famélique ? Il se sera groupé avec des malfaiteurs, qui feront *chorus* avec lui et vociféreront les mêmes plaintes, pour assouvir une autre faim, celle du pillage.

Cette faim réelle qui réclame les aliments les plus communs, même à leur plus grossière confection, est le *nec plus ultrà* des nécessités humaines. Celle-là ne s'ajourne pas ; c'est sur-le-champ qu'elle veut être apaisée. Tremblez riches et grands de la terre, tremblez surtout gouvernements ! c'est la foudre qui tonne. Vouloir la comprimer serait une folie. Ce sont des secours prompts à la fois et continus, qui seuls peuvent la faire taire et détourner ses ravages.

Vous êtes en position d'observer toujours l'orage qui gronde et de vérifier son intensité. Comparez seulement le prix du pain ordinaire, avec le prix ou salaire de l'ouvrier, et vous jugerez s'il peut vivre par son travail.

Vous gouvernans, vous avez la police des marchés. La loi vous institue gladiateurs contre le monopole ; elle punit sévèrement les accapareurs de la subsistance du peuple. Soyez en garde contre les associations occultes, contre les approvisionnements clandestins. Ici c'est le crime qui trafique. Sévissez, sévissez surtout contre ces frauduleuses intelligences qui s'établissent entre les détenteurs de la denrée et les subalternes de votre autorité. Il y a crime de *lèse-humanité!* il y a haute trahison envers le pouvoir responsable.

Est-ce la disette qui opère la tourmente? hâtez-vous donc de la faire cesser, pour les classes inférieures, par des modérations spéciales du tarif chez les boulangers. Les classes aisées pourront toujours, à prix d'argent (puisqu'elles en ont) pourvoir à leur subsistance : hâtez-vous en même temps de faire arriver, du dehors, toutes les quantités de blés qu'exigent les besoins de la consommation. Puisez au trésor public, au-delà s'il le faut de tous les fonds secrets. Votre bill d'indemnité est dans le salut de la chose publique.

Mais si les crises accidentelles, engendrées par une famine, peuvent et doivent être calmées par les sacrifices extraordinaires du trésor public, il n'en peut pas être de même de celles incessantes que fomente même au sein de l'abondance générale, la misère *endémique*. Le budjet de l'État, déjà trop colossal, ne peut pas régulièrement se surcharger de subsides aussi onéreux. D'ailleurs une *taxe des pauvres* ne tarirait la source ni de la misère ni des émeutes : elle salarierait la paresse et serait bientôt elle-même désorganisatrice. C'est la lèpre qui ronge l'Angleterre.

Ce qui rend la misère endémique, dans les classes inférieures de la société moderne, ce sont les progrès de cette industrie qui jette maintenant tant d'éclat. Ils tendent incessamment à diminuer la *main-d'œuvre*, par conséquent les occasions de travail.

Il est vérifié que, dans tous les pays manufacturiers, la population s'accroît dans des proportions infiniment supérieures à celle des campagnes : le nombre des enfants ajoute aux besoins de l'ouvrier; il n'en est pas moins exposé à de nombreux accidents, aux suspensions de travaux, aux maladies, aux infirmités. C'est ainsi que la misère s'impatronise chez lui, et qu'il ne peut se procurer à lui-même, ni aux siens, les premiers aliments.

Est-ce d'ailleurs de la famine seulement que doivent être garantis, par la société, ces hommes laborieux qui travaillent pour elle? Auteurs de la production, n'acquièrent-ils que le droit de ne pas mourir de faim? Une telle condition serait dure dans une société fondée sur *l'égalité des droits*.

Loin de nous l'incendiaire version que, par *égalité des droits*, la constitution ait pu entendre *l'égalité des fortunes*. Une pareille interprétation, donnée à la loi, serait extravagante, alors qu'elle aurait été faite pour un peuple tout neuf; le niveau, dans le vague des agitations de la vie sociale, ne pouvant jamais s'obtenir.

Dans le sens seul rationnel, l'égalité des droits ne peut s'entendre que de la *participation aux avantages de la Société*, en raison des services qu'on lui rend : les droits acquis antérieurement à certains de ses membres, demeurant en leur entier.

Parmi ces avantages, il en est qui sont plus particulièrement réservés au génie, à la science, aux arts, à l'éminence des talents et des emplois : ceux-là ne tombent pas en communauté. Ce qui est de droit commun pour le partage, c'est la faculté de tirer, du prix de son travail, tout le profit qu'il est susceptible de produire, par exemple, de l'employer à acquérir des propriétés rurales ou urbaines, plus ou moins productives, ce qui ferait sortir l'ouvrier de la classe de prolétaire.

Mais il lui est le plus souvent impossible de faire sur son salaire aucune économie, ou d'en accumuler assez pour ce mode d'amélioration de son état précaire. Il aurait besoin de cette puissance auxiliaire que l'on appelle le *crédit;* et dans le cours habituel des choses, le crédit ne s'accorde qu'aux facultés déjà acquises, qu'aux possesseurs de capitaux ou de valeurs immédiatement réalisables.

Telle a été jusqu'ici la marche de la circulation ; la confiance est exclusivement accordée à la possession du numéraire ou des valeurs qui en sont représentatives. Dès-lors elle se concentre dans certaines classes déjà dotées de la fortune, connues sous le nom de *capitalistes*. Entre ces détenteurs privilégiés des espèces métalliques, se sont interposés, sous le nom de *banquiers*, des intermédiaires qui se chargent de faire fructifier ces espèces, au moyen de l'émission qu'ils font d'un papier circulant, qui multiplie les signes d'échange et ajoute incessamment aux richesses par la production d'intérêts importants.

Le problème à résoudre, pour les classes ouvrières, est de les faire admettre au partage de ces bénéfices de circulation, en formant, de leur salaire, la matière d'un crédit, c'est-à-dire en les capitalisant. Mais comment capitaliser ces prix d'un travail journalier, qui entrent en consommation pour ses besoins aussitôt qu'ils sont reçus, et qui le plus souvent n'y suffisent pas? Des économistes, partisans zélés de l'humanité laborieuse, ont trouvé le moyen de l'affranchir de toute économie sur son salaire ; et, en le lui laissant dépenser tout entier, de lui réserver néanmoins des profits de banque, suffisants pour lui créer un jour un avoir certain qui garantisse sa vieillesse de la misère.

La conception de cet établissement, régénérateur des salaires dépensés, n'est pas un plan chimérique ; elle a déjà obtenu le suffrage de plusieurs hommes graves et même de financiers tout déterminés à s'y associer.

Espérons que cette pensée féconde deviendra bientôt, pour les masses, une sauve-garde contre la misère et pour le gouvernement l'ancre de la sécurité.

Avoir remis en vigueur le droit des gens, par la préfixion, en congrès, du droit international ;

Avoir assis le gouvernement représentatif de la France, sur l'imperturbable harmonie des pouvoirs constitués ;

Avoir assuré l'ordre administratif intérieur, par l'intérêt des masses, dont le sort serait notablement amélioré ;

Ce serait avoir fait, pour le bonheur commun, des pas immenses ; avoir largement profité de l'expérience des siècles, et surtout de celle acquise par les cinquante années de nos révolutions.

Mais ce n'est pas tout ; la dette de tout gouvernement, envers ses administrés, ne se borne pas à mettre hors de péril les personnes et les choses : elle est de procurer, aux contribuables et aux industriels, toute la somme d'avantages dont il est possible de les faire jouir.

Combien d'autres questions vitales sont encore agitées dans ce but? Quelles vives controverses y opposent les passions des hommes, le choc des opinions politiques, l'esprit de système, l'intérêt personnel?

SECTION III.

Autres plaies.—Voies et moyens secondaires.

1° L'obésité toujours croissante du budget de l'État;
Et la nécessité d'amortir la dette publique;
2° L'inégale répartition des charges publiques;
3° Les abus de la centralisation du pouvoir répartiteur;
4° Les injustes préhensions de la fiscalité;
5° Les fausses directions de l'industrie;
6° La folie, l'immoralité dans les transactions commerciales;
7° Les imperfections de la police;
8° Les jeux de bourse à prime et l'insuffisance des banques;
9° Le désordre dans les travaux publics;
10° L'absence d'un jury d'équité;
Voilà autant de plaies qu'il faut encore soigner et guérir pour l'état sanitaire du corps social et pour la prospérité de ses membres.

J'oserai encore en dire toute ma pensée, et risquer, sur les *voies* et *moyens*, quelques considérations que je crois utiles.

§ Ier. *Allégement du budget par l'impôt sur la rente et par l'amortissement.*

1° *Par l'impôt sur la rente.*

Activement et passivement le budget de l'État prend chaque jour des proportions colossales vraiment effrayantes. Qu'on ne s'en prenne pas toutefois à l'administration présente de l'énormité de son poids. Les temps passés lui ont légué une succession onéreuse qu'elle a dû accepter purement et simplement. Ils avaient creusé l'abîme où iront toujours s'enfouir les finances des États, tant qu'il restera ouvert; l'abîme des emprunts publics : expédient trop commode pour que tout pouvoir arbitraire, qui veut se soutenir, ne s'en empare pas.

Les économistes du jour, dans la vue de se gorger des bénéfices qu'un débiteur obéré offre toujours à qui lui prête, ont fait de cette manie des emprunts qui ajoutent tant à la dette, des éloges pompeux : ils l'ont érigée, pour le trésor, en une haute science qui n'était pratiquée que par les habiles; ils ont été jusqu'à en faire une sorte de richesse. Les convulsions de la bourse, où se manipule sans cesse la dette publique, démontrent chaque jour en quoi gît le bénéfice, et quels sont les gagnants.

A coup sûr, ce n'est pas l'État, dont la dette, quoique dite *flottante*, au milieu des aventureuses combinaisons de la *hausse* et de la *baisse*, non seulement reste toujours la même en capital, mais s'enfle outre mesure, par le service aux rentiers d'un intérêt *usuraire* comparativement au cours actuel de l'argent.

Telle est, pour la fortune publique, l'énormité de la lésion qui résulte de ces emprunts, que de toutes parts des réclamations se sont fait entendre, avec assez de chaleur pour émouvoir l'autorité, et la porter à la proposition du remboursement de la dette au pair. Cette mesure proposée n'aura l'assentiment d'aucun légiste, ni d'aucun économiste impartial. La rente créée est, dans les mains du titulaire, une propriété qui a dû croître comme toutes les autres. N'en rendre que la valeur d'origine ce serait changer sa nature de propriété acquise, et rendre moins qu'elle ne vaut. L'essence de toute propriété étant de croître et de décroître, la loi de l'égalité doit être gardée entre elles, autant que possible. Le propriétaire foncier a vu doubler le prix de son champ; il ne serait pas juste que le propriétaire de la rente fût privé de la plus value de la sienne.

Par une juste conséquence du même principe de l'égalité des droits, les contribuables grevés de l'impôt s'insurgent contre le privilége qu'ont les rentiers de l'État, de ne supporter aucune charge sur leurs revenus : ils demandent avec raison, qu'il y ait entre eux similitude parfaite, et que les arrérages de rente soient imposée, comme le sont les produits des immeubles. Je reviendrai sur cette demande, en traitant de la répartition des charges publiques.

Un autre privilège des rentes sur l'état, non moins exorbitant et certes plus immoral, est celui de leur insaisissabilité. Il est par trop scandaleux qu'il soit donné, à un débiteur de mauvaise foi, de pouvoir se rendre insolvable, par la conversion du gage de ses créanciers en inscriptions sur le grand-livre. C'est une prime d'encouragement accordée à l'improbité, et qui pis est à sa race.

Que sera la vertu publique dans un pays où la loi encourage l'immoralité ?

Anathème contre ces emprunts que l'esprit d'agiotage n'a pu faire réussir, que par un tel brevet d'impunité pour la fraude.

Mais ils ont reçu une monstrueuse consécration : la foi publique y est engagée ; elle doit les respecter, tout en déplorant les sinistres que le monstre à déversés, même sur le trésor de l'État.

2° *Par l'amortissement en tontine de la dette publique.*

Il est universellement senti le besoin de tarir cette source d'impunité et de lésion envers les contribuables et l'État lui même. On avait cru y parvenir par un système d'amortissement graduel qui bientôt a été faussé : à ce système les coryphées de la finance ont cherché et cherchent encore à substituer d'autres modes d'extinction de la rente.

A quoi toutes leurs recherches ont-elles abouti jusqu'ici ? au projet du remboursement, au pair, du capital primitif, ou de la réduction des arrérages au cours actuel de ce capital, ce qu'ils appellent la *conversion de la rente.* Je viens d'en dire mon sentiment ; je n'y reviendrai pas.

Mais à travers tous les projets d'amortissement qui ont circulé, il en est un dont l'examen m'a été soumis, il y a déjà plusieurs années, que j'ai prôné et que je prône encore, parce qu'il a subi toutes les épreuves du creuset financier, qu'il a été sanctionné par une ordonnance royale ; bien plus, parce qu'il avait commencé à recevoir un développement très-notable, et que ce n'est que par une insigne manœuvre de la cupidité, assistée de la bureaucratie, qu'il a échoué, après deux années de succès.

En 1819, trois particuliers, mes clients, demandèrent au gouvernement l'autorisation d'ouvrir une tontine perpétuelle d'amortissement de la rente, sur des bases fort simples.

Ils recevraient, de toutes les classes de citoyens, des capitaux en petites fractions de 100 francs, dont ils formeraient autant d'actions d'une société tontinière.

Ils emploieraient successivement ces petits capitaux, en acquisition d'autant de rentes collectives sur l'État, inscrites au nom

de leur établissement sur le grand-livre, avec la mention sacra-
mentelle *non transférables* ; ce qui annonçait qu'après un temps
donné, c'était au gouvernement qu'elles appartiendraient, sans
bourse-délier, à la charge de servir les arrérages du perpétuel,
jusqu'au dernier des tontiniers.

Ces tontiniers étaient divisés par classes, suivant leurs âges.
Chaque classe était usufruitière du perpétuel qui lui était assigné,
jusqu'au dernier jouissant, qui devait percevoir seul, pendant toute
sa vie, une somme d'arrérages, colossale, eu égard à la modicité
de son versement.

Ce plan de *tontine perpétuelle d'amortissement*, élaboré avec
droiture, fut livré à la censure des hommes d'État les plus distin-
gués de l'époque. Ils l'approuvèrent à l'unanimité. Louis XVIII
l'autorisa par une ordonnance très-libellée, du 10 mars 1819.

La tontine fut ouverte : plus de cinq millions de capitaux y furent
successivement versés en fractions de 100 francs. L'emploi en fut
fait à l'achat d'inscriptions de rente perpétuelle, produisant 250,000
francs d'arrérages.

La condition bien entendue était, que le trésor servirait tous les
semestres, moitié de ces 250,000 fr. d'arrérages à l'établissement
qui en était titulaire, sur la quittance de ses trois administrateurs,
chargés de les répartir ensuite entre toutes les actions tontinières.

La fatalité voulut que ce service des arrérages fût inexorablement refusé, par le trésor, aux administrateurs de la tontine, sous
le ridicule prétexte que le trésor royal ne pouvait pas être aux
ordres d'une administration particulière.

De ce refus, il s'ensuivit l'accumulation de trois semestres, et
contre les administrateurs de la tontine, l'impossibilité de conti-
nuer la répartition des intérêts à leurs actionnaires tontiniers. Puis
l'obligation d'abandonner à d'autres gérants la direction de la
tontine.

Ce ne fut pas cette défection des fondateurs qui entraîna la
chute du système. Son effet, d'opérer l'amortissement de la dette
nationale, avait été produit à l'instant même de l'inscription et
par le seul fait de cette inscription. Inscrite au taux du perpétuel, la rente était purement viagère. En dernière analyse, c'était
un emprunt ouvert à 5 p. 0/0 en viager.

Que le gouvernement du roi constitutionnel dût encourager un pareil système et le mettre à l'abri de toute atteinte, cela est de toute évidence : en aucun cas, il n'était en son pouvoir de renoncer à l'amortissement qu'il avait opéré de plus de cinq millions de capitaux ; l'État étant mineur, et les biens une fois acquis par lui étant inaliénables.

Cependant, par une simple ordonnance de décembre 1824, la tontine perpétuelle d'amortissement a été abolie. Comment cela est-il arrivé ? le voici.

En mars 1819, au moment de l'ouverture de la tontine, la rente était au cours de 50 0/0. De gros capitalistes s'étaient empressés d'y verser ; ils étaient les plus forts actionnaires. En 1824, la rente était montée au cours de 100 0/0 ; ils trouvèrent qu'ils gagneraient à se faire rembourser leurs fonds, beaucoup plus et plus vite que par le roulement de la tontine. Ils intriguèrent pour en venir là, par suite de dissolution de leur société.

La bureaucratie, qui n'avait pas voulu reconnaître les administrateurs de la tontine, saisit avec empressement cette occasion de détruire l'établissement ; et par un effet rétroactif donné à cet acte arbitraire, les capitaux aliénés furent rendus aux tontiniers.

Quoi qu'il en soit de cette déconvenue, ce qu'il y a de certain, ce qui reste avéré, c'est que ce système d'amortissement, purement volontaire et spéculatif, est une grande conception, et qu'y revenir serait peut-être le meilleur moyen d'alléger nos budgets. Les rentiers de l'État, qui vendraient aux tontiniers leurs rentes *au cours*, ne seraient pas lésés. L'État lui-même, en continuant de servir l'intérêt à 5 0/0 des fonds de la tontine, serait loin d'y perdre, puisqu'en définitif il gagnerait le capital de sa dette.

Transitoirement, j'observe que la réouverture de la tontine fournirait au trésor public le moyen d'alimenter les caisses d'épargne, qu'au demeurant, il nourrit par un service d'intérêts qu'il prend encore sur les contribuables, puisqu'il ne tire aucun parti des fonds de ces caisses.

Nous voici parvenus à un chapitre qui n'est pas moins sérieux.

§ II. *L'inégale répartition des charges publiques.*

Ma prétention n'est pas d'en discourir bien pertinemment, ni avec prolixité; je veux seulement jeter quelques traits de lumière sur ce grave sujet.

Mon point de départ est toujours ce principe de l'égalité des droits, dont il n'est pas permis de s'écarter sous le régime constitutionnel.

Ce sont ici les droits civils, ou de cité, dont l'égalité est à réclamer. Respirer le même air, vivre sous les mêmes lois, être protégé par elles et par l'autorité, dans sa personne et dans ses biens, tels sont les avantages de la société civile.

Mais la jouissance de ces avantages ne peut pas être gratuite : l'association ne peut les procurer qu'à des conditions onéreuses, auxquelles doivent se soumettre tous ceux qui veulent en jouir, et ce, contributoirement, en proportion de la jouissance qu'ils en obtiennent.

La portion contributoire de chacun doit naturellement se régler sur l'importance des biens qu'il possède et sur l'utilité du droit de protection qui s'y applique.

La régle ainsi posée, on se demande comment il se fait que des masses énormes de biens, qui sont les plus précieux et les plus productifs, soient affranchies de tout impôt.

Toutes les fortunes immobilières, sans exception, sont taxées en raison de leur revenu réel ou présumé.

Les fortunes mobilières ne le sont pas. Par *fortunes mobilières*, on entend ici la possession du numéraire ou des valeurs de portefeuille qui le représentent.

Les rentes sur l'État ou sur particuliers.

Les dettes actives flottantes, quand elles portent intérêts.

La somme en est immense; elle dépasse de beaucoup celle des propriétés immobilières.

Par quel privilége aucune des propriétés mobilières productives n'est-elle pas imposée?

Est-ce donc que leurs possesseurs ne participent pas aux bienfaits de l'association?

Est-ce que l'autorité municipale ne veille pas à leur sûreté individuelle et à la garde de leurs trésors ?

C'est à eux que l'ordre public est le plus nécessaire, qu'il profite le plus sous le rapport des risques, et ils ne supportent pas la moindre parcelle des frais faits pour maintenir cet ordre protecteur !

Ici l'égalité des droits est étrangement méconnue, l'injustice est flagrante. L'exemption de l'impôt pour les uns le fait retomber, de tout son poids, sur les autres. Il y a souffrance ; il est urgent de la faire cesser.

Tant de promesses de dégrèvement ont été faites aux contribuables !

Tant de budgets ont été créés en déficit !

Tant de centimes additionnels sont annuellement ajoutés aux contributions !

Tant de crédits supplémentaires sont ouverts à chaque session aux divers ministères !

La caisse de service et les caisses d'épargne fournissent au Trésor tant de fonds extraordinaires, qui tournent à l'accroissement de la dette publique !

La raison d'État, *salus populi*, ordonne impérieusement de . fermer au plus tôt toutes ces écoutilles, par où le navire pourrait sombrer.

Que la proposition en soit faite, à l'instant vont se faire entendre, en opposition, les plus violentes clameurs, de la part de tous les capitalistes, partisans du monopole et des priviléges qui les enrichissent. Ils la traiteront de vision ; ils diront que c'est une idée extravagante sortie de quelque vieux cerveau malade ; ils se récrieront contre la tyrannique inquisition exercée sur leurs portefeuilles et sur les secrets des familles ; ils proclameront que toute espèce d'impôt, à asseoir sur leurs revenus industriels, est impraticable, à moins de se livrer au plus révoltant arbitraire.

Ainsi procède le froid et aveugle égoïsme, dans toutes les questions soulevées en faveur de l'intérêt commun. Il ne considère pas qu'il s'agit ici de réaliser enfin les promesses de la révolution, par le nivellement des droits ; qu'il y va de la sûreté générale et de la sienne propre. Il ne réfléchit pas que, dans la conflagration plus intense des intérêts qui se heurtent, ces trésors qu'ils s'efforcent de dérober à l'impôt, courraient des risques tout autres que celui de son prélèvement.

Que tous ces égoïstes du jour se rendent enfin sérieusement compte de la situation de la société actuelle ; qu'une bonne fois ils se rendent raison des causes et des progrès de la misère : qu'ils fassent le dénombrement des individus qui en sont affligés, des perturbations que leur dénuement motive tous les jours, et ils arriveront à raisonner plus impartialement de la mesure qui doit les atteindre.

Ce ne sont, après tout, que les *revenus* des richesses mobilières productives, que l'impôt proposé doit grever. Ne frappant que sur les accessoires, il laissera le capital intact. Ces propriétés, pour être taxées, n'en seront pas moins respectées.

Sans doute il suivra des taxations, que le revenu amoindri ajoutera moins au capital par sa réunion. Mais l'harmonie sociale en sera-t-elle troublée ? nullement. Cette cumulation des revenus qui étaient destinés à être dépensés en consommations, est une calamité dans le mouvement social, déjà trop ralenti par la concentration des capitaux, dans un trop petit nombre de mains et par leur tenace endurcissement.

Il y a plus de deux mille ans qu'un sage de la Grèce, législateur profond, l'aigle des économistes, Aristote, professait cette opinion :

« La constitution est en danger, lorsque les lois permettent que « toutes les richesses passent insensiblement dans les mains de « quelques particuliers. »

Qu'aurait dit ce philosophe, si on lui avait fait observer que ces quelques particuliers, détenteurs de toutes les richesses, étaient des publicains couchés dans le temple sur leurs trésors, et qui préféreraient la mort à l'obligation d'en aider leurs semblables ?

Tels sont néanmoins, dans toute l'Europe, les possesseurs actuels de tout le numéraire. Telle est leur domination, que toutes les puissances sont devenues leurs tributaires, par le fatal engouement des emprunts publics.

Quel que soit le mauvais génie qui a présidé à cette vicieuse distribution, les parts sont faites ; le temps et la foi publique les ont légitimées. Que ces heureux aînés de la grande famille jouissent en paix de leur colossal patrimoine ; mais qu'ils renoncent à son anti-social accroissement, qu'ils passent, eux aussi, sous le niveau de l'égalité des droits : Qu'ils entrent, pour l'avenir, en partage du crédit avec les classes moins fortunées, et des charges publiques avec leurs puinés : il y aura encore assez d'inégalité dans les lots.

Les susceptibilités, les répugnances, les aversions vaincues, il est facile de leur démontrer que la taxe à imposer sur les revenus fixes ou casuels des capitaux et sur les rentes, n'aura rien d'inquisitorial, de tyrannique, ni d'impraticable.

Ce sont les capitalistes eux-mêmes que la loi à faire constituera les premiers arbitres du taux de l'impôt à percevoir sur eux. Foi sera ajoutée aux déclarations qu'ils feront à l'autorité du montant exact des capitaux. L'intérêt de 5 p. 0/0 sera le produit le plus élevé que soient censés en retirer les simples particuliers non commerçants. A l'égard de tous les capitalistes négociants, il n'y aura d'imposable que le bénéfice constaté par leur bilan annuel. En cas de perte, ils ne devront rien au fisc.

Mais s'il venait à être reconnu que les déclarations de capitaux sont fausses, ou que les bilans fournis sont mensongers, la loi, par une disposition rigoureuse, punirait les délinquants par une forte amende, dût-elle absorber la totalité des revenus qui auraient été soustraits à l'impôt.

Quant au manifeste d'*impossibilité*, lancé au pouvoir comme une espèce de défi, il est à l'avance répondu par l'art des financiers en matière de calcul, de tarif, de perception et par l'expérience faite en plusieurs pays, des taxes sur la simple déclaration des capitalistes et des industriels.

On m'a cité plusieurs des cantons suisses qui n'ont pas d'autre mode d'imposition : on la prélève toute sur les revenus des capitaux déclarés, mobiliers et immobiliers. La peine des fausses déclarations est la confiscation des excédants que le contribuable a voulu soustraire.

Dans la ville impériale de Francfort, qui se gouvernait par elle-même, l'impôt sur les intérêts de l'argent, sur les bénéfices du commerce, sur les rentes, se percevait aussi d'après la déclaration des particuliers imposables.

En septembre 1831, lorsque je m'efforçais de rendre la Pairie populaire, pour justifier son hérédité, je transmis cette idée de l'impôt sur les portefeuilles, à un homme aussi judicieux économiste que bon diplomate (M. le marquis de Sémonville), avec la proposition de faire ériger une des sections de la Chambre des pairs, grand juge des déclarations qui seraient contestées. En réponse, M. le marquis de Sémonville m'apprit que ce système d'impôt sur tous les revenus indistinctement, d'après déclaration, était pratiqué en Zélande. Et voici dans quels termes.

« Cette idée lancée dans la dernière partie de votre travail, je
« l'ai vue long-temps adoptée en Zélande, par un peuple dont
« aucun individu ne s'est permis une fausse déclaration ; dont
« aucun fonctionnaire n'a eu la pensée de la contester ni de la
« punir.

Il n'y a donc ici ni rêve, ni impossibilité.

Je ne m'arrêterai pas à supputer les produits qui entreraient, par cette extension de l'impôt, dans la caisse publique. Ils seraient tels qu'il y aurait au moins équilibre entre les propriétés foncières et les propriétés mobilières, pour les charges. Ainsi s'affaiblirait insensiblement cette aristocratie de l'argent, qui est, de toutes, la moins malléable.

En voilà assez pour que l'on y pense.

Maintenant, mes réflexions se portent sur un tout autre sujet d'économie politique, dont il n'est pas moins urgent de se préoccuper.

§ 3. *Des fausses directions de l'industrie.*

Puisque c'est le commerce qui unit aujourd'hui toutes les parties du globe, qui fait la force des États et qui les rend plus ou moins dominans, il est, pour la France, du plus haut intérêt de donner au sien la meilleure direction.

Le commerce a deux éléments : la production et la consommation.

La production se compose des fruits naturels du sol et des fruits artificiels de l'industrie.

Des fruits naturels. Aucun pays au monde n'en produit d'aussi abondans et d'aussi variés que la France. La difficulté est d'en bien ordonner la création, suivant les temps et les emplois, pour telle espèce plutôt que pour telle autre : ce devrait être exclusivement cette mission qu'eut à remplir *un ministère spécial pour l'agriculture.* Sans cesse, il devrait avoir les yeux ouverts sur les besoins ou les demandes, et sur les moyens d'y satisfaire. Les mercuriales

les marchés publics, la correspondance des ports, devraient journellement fixer son attention, ainsi que les rapports des sociétés d'agriculture. Sur le tout, il aurait à transmettre, aux localités, des instructions paternelles qui dirigeraient les travaux de culture vers les produits du placement le plus certain.

En ce moment, de vives inquiétudes sont inspirées sur les deux productions majeures, des céréales et des vins.

La betterave envahit le domaine de Cérès et dispute à nos colonies, par une funeste concurrence, les livraisons d'une denrée qui croît plus naturellement chez elles. Toutes les propriétés coloniales sont à la veille de périr ; la marine marchande, pépinière de la marine militaire, en est aux abois : qui peut subvenir à un pareil conflit, si ce n'est l'administration ? En faisant cesser ces tiraillements, qui neutralisent deux branches nourricières, elle apportera plus de sollicitude qu'on n'en a mis jusqu'ici, à féconder ces vingt millions d'arpents que l'on dit être encore, en France, ou sous les eaux ou sous les ronces, incultes, improductifs et même insalubres. Elle fera cultiver enfin les 500,000 hectares de terre végétale qu'elle possède en Corse.

Quand la population augmente avec rapidité, il est du devoir du père de famille d'épuiser tous les moyens de la sustenter. Prochainement les chemins de fer vont encore absorber d'immeuses terrains productifs.

D'un autre côté, la loi de l'égalité dans les partages a, pour inconvénient le trop grand morcellement des terres, si nuisible à la culture, par le défaut d'engrais suffisants ou par l'impossibilité d'obtenir, des petits propriétaires, certains produits dont ils n'ont pas besoin pour eux-mêmes. L'exploitation des terres en grand pouvant seule les fournir à la consommation générale, on devrait parer aux trop fortes divisions du sol, par une modification au code civil, qui statuerait que l'aîné des familles conserverait seul l'exploitation du patrimoine commun, à la charge d'en partager les fruits en nature, ou par estimation, avec ses puînés, annuellement.

Il y aurait encore à améliorer les codes, sur l'article des expropriations forcées, qui entraînent tant de frais, d'incidents, de lenteurs, de dépréciation des propriétés et de distractions sur leur modique prix dans les *ordres*, qu'en résultat les avoués y font leur fortune et les cliens leur purgatoire.

Dans cet autre mode d'expropriation pour les causes d'utilité publique (si multipliées depuis l'invasion des chemins de fer et la conversion des embellissements de cités en nécessités publique)il y a complainte réciproque contre la loi du 7 juillet 1833 : de la part des propriétaires expropriés, en ce qu'elle tolère d'irritantes inégalités dans les évaluations de terrains sur la même ligne : de la part des entrepreneurs des constructions, en ce qu'elle les laisse à la merci des vendeurs de terrains, qui leur arrachent des prix de convenance et d'affection, pour des dépendances cédées, encore que la valeur du domaine total soit souvent triplée par le nouvel œuvre.

Pour que le bien se fasse, il faut que chacun y mette un peu du sien.

Venons *aux fruits artificiels de l'industrie.* Leur production est encore plus abandonnée à l'aveugle arbitre des producteurs qui, à distance les uns des autres, les multiplient inconsidérément dans les mêmes espèces, sans savoir ce qu'ils en feront, alors qu'ils en auront jonché leurs magasins. Un ministre vigilant du commerce aura pour point de mire perpétuel dans son département, les relevés exacts des fabrications dans tous les genres, sorties des divers ateliers du royaume.

Il puisera, dans les relevés comparatifs de ces fabrications et des douanes, des données positives pour la réduction ou pour le surhaussement des tarifs ; pour les prohibitions au besoin, soit des matières premières, soit de celles fabriquées à importer de l'étranger, et pour les conseils paternels à adresser aux fabricants. Il les protégera efficacement, par l'exclusion la plus rigoureuse que possible, des objets manufacturés hors de France dont l'importation est si funeste à la main-d'œuvre.

De toutes ses investigations, la plus essentielle sera celle des moyens de consommation ; car sans la consommation, les développements de la production ne sont que des efforts stériles, qui tournent à la ruine du producteur. Il faut à celui-ci un débouché toujours ouvert, toujours facile, toujours rapide. S'il ne le trouve pas, il doit s'arrêter : la stagnation est mille fois préférable aux inconvénients du *trop plein.*

Sans doute ces notions sont familières ; mais l'indiscrète effervescence des confectionnements identiques est si désastreuse, qu'il importe de les reproduire.

Assurer la consommation de tout ce que l'on fabrique avant de le fabriquer, est le devoir des gouvernans ; en élargir le cercle, c'est le chef-d'œuvre. Nuit et jour l'ambitieuse Angleterre s'agite, pour trouver des consommateurs de ses produits manufacturés et des denrées exotiques apportées sur le continent par ses innombrables vaisseaux. Pourquoi serions-nous moins actifs ou moins ambitieux qu'elle? A mesure que ses fabriques se sont étendues, elle s'est emparée, de gré ou de force, de tous les marchés à sa convenance.

Il est de droit naturel que nous nous fassions admettre dans ceux de ces marchés où l'Angleterre ne commande pas en souveraine, que nous y soyions en concurrence, sans autre suprématie que la qualité des produits respectifs et la modération des prix.

De droit naturel aussi, qu'à l'égard de toutes les contrées qui sont encore vierges pour le commerce, le nôtre puisse y pénétrer, en pleine liberté de pavillon, en pleine jouissance de la faculté de négocier avec les autorités des pays nouvellement visités. Aujourd'hui même l'exercice de ce droit nous appelle à la Nouvelle-Zélande ; notre alliance avec l'Angleterre doit suffire pour nous l'assurer.

Sans aller si loin, la vaste Algérie, que nous avons conquise, est un champ immense ouvert à notre industrie agricole et manufacturière. C'est la terre promise à notre génération présente, qui est aux abois sur place, et qu'il est si nécessaire d'occuper pour le repos de la mère patrie. Il ne survient pas une émeute (et elles sont fréquentes), qui n'avertisse le gouvernement de cette impérieuse et urgente nécessité.

Que si des embarras de finances s'opposent à ce que la colonisation d'Alger s'opère avec les fonds du Trésor, alors, que notre gouvernement constitutionnel (à l'exemple du grand roi qui créa les compagnies des Indes Orientales et Occidentales) fonde une grande compagnie d'Afrique ; qu'il fasse à cette compagnie la concession de tout le territoire et de tous les ports africains, en s'en réservant la souveraineté et lui imposant des subsides. Qu'entre autres charges à imposer à cette compagnie d'Afrique, elle soit assujétie à l'entretien d'une armée suffisante pour la défense et la conservation de ses propriétés : l'organisation et le commandement de l'armée toujours réservés au Roi.

Investie du domaine de propriété par la concession, la compagnie en fera-t-elle sous-concession qu'elle avisera aux colons qui ne manqueront pas d'arriver à elle? Elle fera par elle-même, ou par ses comptoirs, tout le commerce d'importation et d'exportation, en conformité des dispositions qui auront été préalablement arrêtées, avec la métropole.

Nul doute que les actions d'une compagnie si largement dotée, et dont les statuts auraient été élaborés avec toute la maturité de l'expérience, ne prennent sur-le-champ une grande faveur, dans l'esprit de tous les capitalistes nationaux et étrangers. La direction étant toute française et ses membres toujours pris parmi les Français, il ne serait jamais à craindre que la nationalité française cessât de dominer en Afrique. Voyez ce que la compagnie des Indes-Anglaises a acquis de puissance au gouvernement et de richesse à ses actionnaires.

Plus près de nous encore, dans notre propre sein, peuvent et doivent se trouver les *premiers* et les plus nombreux consommateurs de nos produits. Les découvrir et les affilier est au pouvoir du gouvernement. Ils sont tout disposés aux jouissances de la vie, tous appelés par la nature au festin commun, tous ayant droit de s'y asseoir, même les premiers, parce qu'ils ont contribué à y faire arriver les provisions en abondance :

Ce sont les travailleurs.

Dans l'origine, en récompense de leurs travaux producteurs, ils recevaient, en nature, une partie de leurs produits, suffisante pour pourvoir à leurs besoins. Le prix des journées n'ayant plus été payé qu'en numéraire, au taux d'un tarif commun et peu variable, l'ouvrier a été victime des évaluations du marc d'argent, et par elles condamné à des privations souvent équivalentes à une exhérédation complète. Les suspensions fréquentes du travail, les maladies accidentelles, l'âge, les infirmités, tout a conspiré pour l'exclure du partage des biens de l'association. La tourbe des exclus s'est grossie peu à peu et séculairement. L'industrie marchandant la main-d'œuvre, l'a absorbée par ses agens mécaniques; c'est ainsi que le nombre de ceux qui consomment est devenu minime.

Améliorez le sort des travailleurs, non pas en augmentant le taux de leurs salaires (si la chose vous est impossible,) mais en rendant ces salaires à leur tour productifs, par *le crédit fondé.* J'ai donné plus haut le secret de cette régénération des salaires, dans une banque à instituer en faveur des laborieux prolétaires; j'ai expliqué comment, par leur affiliation à cette banque, tout en dépensant ce qu'ils gagnent, ils acquerront des réserves pour leur vieillesse.

Dispensateurs libres et tranquilles de leur pécule journalier, ils deviendront autant de consommateurs du superflu de vos produits.

Ne vous y trompez pas d'ailleurs; parmi ces prolétaires expulsés de la table commune, il en est désormais un bon nombre qui en connaissent les profusions. Vos indiscrets convives leur en ont révélé les délices et vanté les saveurs; ils en ont soif; craignez qu'au lieu des miettes qui leur sont refusées, ils n'en viennent à s'emparer, de vive force, de toutes vos opimes, et qu'ils ne fassent table rase.

L'esprit de parti avide de révolution; celui d'insubordination, fruit de la liberté et de l'égalité mal entendues, l'absence de toute autorité qui commande le travail et l'obtienne de tous, le monopole et ses cupides accaparements, ne sont pas les seules maladies de notre corps social. Il est une lèpre morale qui le ronge sourdement et qui rend sa situation plus périlleuse, en la compliquant.

Je ne la placerai pas à son premier foyer, le bris de tout lien religieux : les siècles ont appris ce que pouvait ce nerf de l'État, ce qu'engendrait sa paralysie. Fasse le ciel qu'on le ressaisisse et qu'on le restaure. Je n'entrevois de restauration religieuse possible que dans les larges dotations, qui seraient faites après les hospices, exclusivement en faveur des cures et des écoles chrétiennes, le gouvernement se faisant une loi de n'en pas autoriser d'autres. Le vice que je vais signaler disparaîtrait à cette restauration.

§ 4. *La mauvaise foi, la folie dans les transactions.*

La violence qui s'exerce au grand jour, quoique comprimée par la force publique, occasione bien des crises funestes. Mais l'immoralité, la mauvaise foi, qui manœuvrent dans l'ombre pour tromper la confiance, exercent des ravages constans qui minent la société.

C'est par les subterfuges les plus odieux qu'elles extorquent le bien d'autrui.

Quand ces manœuvres ont pris ostensiblement les caractères du *dol qualifié*, la loi les atteint et les punit. Ce n'est pas ce genre de fraude, qui se trahit lui-même, que je poursuis ici; la police correctionnelle m'en dispense.

Je dénonce singulièrement cette perfidie habituelle, systématique, s'étudiant sans cesse, par des artifices impénétrables, à abuser la crédulité des tiers, pour leur extorquer tout ou partie de leur fortune et pour ne leur laisser que le néant de leur insolvabilité.

La légion de ces subtils et impudents solliciteurs de crédit est innombrable. Disséminés dans toutes nos cités, comme des frelons, ils cherchent à s'introduire dans toutes les ruches; ils assiégent toutes les caisses et obsèdent tous les comptoirs. Les paroles les plus mielleuses découlent de leurs lèvres, et au besoin des larmes de commande s'échappent de leurs yeux : l'honnête négociant, le marchant loyal et humain, l'artisan lui-même, compatissants envers ceux dont le sort semble les rapprocher, se laissent séduire par des assurances et des protestations qui ne sont qu'insidieuses.

Que tôt ou tard la justice criminelle punisse leurs méfaits, les réparations civiles le plus souvent resteront illusoires.

Il faut une loi préventive, qui empêche ces abus de confiance de se commettre, ou qui les rende moins fréquens. J'ai déjà provoqué une institution qui me paraît très-propre à purger le commerce de ces imposteurs faméliques. C'est l'attribution aux Conseils de Prud'hommes, du pouvoir d'examiner tous les aspirants aux entrées de la bourse et aux ouvertures de crédit dans les caisses particulières.

La loi statuerait que nul n'a le droit de présenter son papier à l'escompte, à moins qu'il ne soit porteur d'un diplôme émané d'un Conseil de Prud'hommes, attestant que sa moralité et sa solvabilité ont été vérifiées.

Pour la délivrance de ces diplômes, la loi elle-même investirait les Conseils de Prud'hommes de tous les documents nécessaires pour éclairer leur religion. Elle ordonnerait à tous les greffiers des tribunaux correctionnels, aux commissaires de police et à tous autres dépositaires ou agens de l'autorité répressive, de faire parvenir aux conseils de prud'hommes, par voie de circulaire, dans le plus bref délai, les noms des prévenus, les causes de la prévention, la notice des condamnations.

Les victimes d'une escroquerie impoursuivie adresseraient leurs doléances à ces mêmes Conseils.

Les diplômes ou livrets de capacité seraient ainsi toujours délivrés en grande connaissance de cause et l'escompteur toujours moralement assuré. Le crédit, qui est l'âme des négociations, aurait cette première garantie qui couvre et relève toutes les autres.

Une secte, non moins nombreuse en dernier lieu, et encore plus dévorante de ces usurpateurs de crédit, est celle des empiriques surgis tout à la fois pour exalter à outrance le merveilleux d'une découverte, d'un procédé ou d'une industrie quelconque, dont ils se disent les auteurs, et qu'ils promettent d'exploiter incessamment, comme une source inépuisable de richesses, pour tous ceux qui auront le bon esprit de s'y intéresser.

Ceux-là ont jeté leurs filets sur le troupeau crédule des rêveurs de spéculation; ils ont enlacé, dans leurs réseaux, des centaines de millions qui sont perdus pour les bailleurs éblouis. L'audace des annonces fastueuses a été telle et le désastre des liquidations si épouvantable, qu'à présent c'est à qui désertera les parages aventureux de la commandite. Une panique des plus alarmantes s'est emparée de l'esprit de tous les capitalistes, au point de les pousser au divorce avec l'industrie la plus sage et la plus prospère.

Contre ce déplorable excès d'une antipathie qui ne raisonne pas et contre le retour possible des abus de la commandite qui l'ont soulevée, j'ai émis l'opinion d'interdire, par une loi expresse, la forme des *actions au porteur*, dans toutes les sociétés commanditaires. J'ai toujours considéré les actions au porteur comme incompatibles avec les dispositions du code de commerce, qui défendent à tout intéressé en commandite de faire aucun acte de gestion; fondé sur ce qu'à l'ombre de ces titres sans nom, rien n'était plus facile que d'enfreindre impunément la défense.

Un projet de loi, pour la réforme ou la modification du code de commerce, concernant les sociétés en commandite, a été soumis à la chambre des députés; mais il n'a pas été pris en considération et il n'abrogeait pas textuellement l'usage qui s'y est si abusivement introduit, des actions *au porteur*.

Je sais qu'une commission de conseillers d'État et de jurisconsultes est assemblée, pour le remaniement de ce projet. Mon vœu est que, dans sa sagesse, elle attaque la plaie au cœur et qu'elle purge le commerce de ces actions circulantes avec le privilége de l'irresponsabilité.

Quand nos architectes politiques auront assis définitivement l'édifice social sur les larges bases qui viennent d'être posées, la patrie aura son sanctuaire de paix.

Resteront à détourner successivement les infiltrations qui, à la longue, pourraient miner l'édifice et à faire disparaître les difformités qui le déprécieraient ; on est éveillé par les doléances du public sur ces dernières imperfections. Dans de précédents écrits, j'ai hasardé quelques idées de redressement ; j'y reviens en peu de mots.

§ 5. *Des abus de la centralisation du pouvoir répartiteur.*

Il y a long-temps que tous les départements de la France, éloignés de Paris, se plaignent de ce qu'aucun des intérêts locaux ne peuvent être réglés sans passer par la filière des bureaux de la capitale.

Les lenteurs interminables, l'énormité des frais, la gravité des erreurs et des mécomptes, voilà ce qui a toujours motivé ces plaintes. En 1830 , on les a jugées si légitimes que, par une disposition expresse de l'article 69 de la nouvelle charte, il a été décrété que, *dans le plus court délai possible, des institutions départementales et municipales seraient fondées sur un système électif.*

Il en a été de cette promesse, en l'article 69, n° 7, comme de celle de la loi sur la responsabilité des ministres écrite au n° 2 du même article. Les moindres affaires locales (telles que les plus légères réparations au pont d'une commune, le tracé d'un chemin vicinal, la plantation de bornes, etc,) ont continué de se traiter à Paris en dernier ressort.

Ce qui est encore moins tolérable, en matière d'impôts, de taxes et de charges à répartir sur les denrées et sur les individus, c'est que les autorités municipales, ou n'ont pas été admises à délibérer, ou n'ont pas même été consultées ; ou bien, contrairement à leur vœu, un simple arrêté du préfet a déterminé la quotité de la dette communale et le mode de sa répartition.

Dans la composition des conseils généraux de départements, qui plus fréquemment prononcent sur le sort des actes municipaux, on reçoit, pour membres délibérants, des receveurs de contributions, des percepteurs de l'octroi; en telle sorte qu'ils sont à la fois ordonnateurs et exécuteurs.

De là proviennent les surtaxes, les exagérations du tarif des octrois; la multiplication des centimes additionnels, les réquisitions arbitraires de journées et de transports, qui aggravent du double les contributions du cultivateur.

Tout récemment, un ancien homme d'État, aussi recommandable pour sa droiture que pour sa sagacité; M. de Villèle, à Toulouse, au sein du collége électoral, faisait entendre, sur ces abus de la concentration du pouvoir administratif, d'énergiques protestations : il revendiquait hautement, en faveur des autorités municipales et cantonales, la partie de direction et d'administration qui leur est naturellement dévolue.

Pourquoi persisterait-on à être sourd à des pétitions aussi légitimes ? Certes le gouvernement représentatif ne perdra rien du pouvoir qui fait sa force, en cessant de s'immiscer dans ces délibérations de détail : aucune ne pourra être tournée contre lui, et des bénédictions seront portées vers lui, pour avoir ainsi rapproché les administrés de leurs administrateurs.

§ 6. *Injustes préhensions de la fiscalité.*

Tout gouvernement aujourd'hui, et plus que jamais, a besoin de la confiance du peuple, qui est maintenant assez éclairé pour ne l'accorder qu'à ce qui est juste et raisonnable. Dans les traditions qui lui sont faites du juste et de l'injuste, le peuple sait discerner et faire ses applications. Dans son seul bon sens naturel, il juge parfaitement, par exemple, qu'il y a inconséquence et vexation à percevoir l'impôt sur le *néant;* à plus forte raison sur ce qui n'est que *passif,* ou ce qui atteste le malheur.

Dans notre siècle de raison et de philantropie pourtant, on en est venu, dans l'intérêt du fisc, à soumettre à l'impôt, aux droits de timbre et d'enregistrement, entre autres, des masses passives qui manifestement n'en comportent pas la perception.

Je cite les masses des faillites qui, sur 100 francs de l'actif porté au bilan, sont grevées de 90 francs. N'est-il pas révoltant que la régie perçoive son droit sur les 100 fr. d'actif, de même que s'il était net? Le malheureux créancier, qui n'a que 10 francs à espérer de sa créance, supporte , en sus des 90 francs de sa perte, la charge du droit fiscal.

En matière de succession, la même exaction se commet, au nom de la loi et de l'État, avec plus de rigueur encore ; les droits de mutation, surtout en ligne collatérale , étant plus élevés : la masse héréditaire se composera à l'actif de 100,000 fr. et au passif de 98,000 francs, le droit sera pris sur l'actif brut, sans aucune déduction du passif.

Même outrance, dans la perception de l'impôt sur les ventes par expropriation forcée , où si souvent les fonds manquent pour les créanciers hypothécaires inscrits les derniers.

Le fisc n'est pas moins impitoyable, moins désastreusement exigeant, dans tous les cas de discussion judiciaire poursuivie contre des débiteurs, retardataires parce qu'ils sont malaisés, quoique de la meilleure foi du monde. Les droits de greffe et d'enregistrement, assis sur le montant des condamnations et sur les actes si multipliés des huissiers, ajoutent énormément et avec une extrême rapidité, au poids d'une dette que l'obligé était déjà dans l'impuissance d'acquitter nuement. La surcharge fiscale avec les intérêts et les frais, double, triple souvent la somme due. Tous ces accessoires, par la règle d'imputation, se prélèvent les premiers, et le capital reste en souffrance, au détriment du créancier.

Rien de plus commun, dans le commerce surtout, où l'on prétend que la justice se rend *gratuitement*, que de voir les créanciers et les débiteurs crier simultanément à la vexation.

En général ces ravages ne débordent que sur les classes peu fortunées. Il semble que la loi se soit chargée d'empirer leur condition.

Dans le gouvernement représentatif, dont la mission est de protéger les intérêts des masses, il y a répugnance à ce qu'en aucun cas, il s'en montre l'oppresseur.

S'il est constant pour tous que l'État a besoin de revenus, il ne l'est pas moins que c'est sur les valeurs effectives seulement qu'ils doivent être assis.

Dans l'intérêt pressant des libertés publiques, je réclamerai contre la part léonine faite au fisc, par l'ordre de juridiction administrative. Il y est trop facultativement *juge et partie*. Sous le régime constitutionnel, une pareille éventualité n'est pas tolérable.

Les matières contentieuses des domaines, de l'impôt, des octrois, des droits de timbre et d'enregistrement, d'amendes, de taxations, etc., où les particuliers isolés sont en butte aux exigences du fisc, l'attribution de compétence lui est trop favorable.

Le principe des deux degrés de juridiction, qui est de droit public, y est méconnu ou mal appliqué.

Il arrive souvent que les conflits, entre le pouvoir judiciaire et le pouvoir administratif, ne sont engagés qu'alors qu'une première décision est intervenue, et qu'ainsi l'autorité administrative devient, *de plano*, juge d'appel au souverain.

Plus souvent encore, c'est un ministre, statuant seul sur les réclamations élevées dans ses bureaux, qui vide le premier degré de juridiction, par une simple lettre fort laconique et non motivée, jetée à une adresse quelconque et sous une date fréquemment périmée, par suite d'absence ou d'éloignement.

La fortune des citoyens se trouve ainsi journellement compromise, par un préjugé mystique ou par la forclusion.

Ailleurs, c'est un préfet qui, dans son omnipotence, s'isole du conseil judiciaire de préfecture dont il doit être assisté, pour trancher seul des questions du plus grand intérêt, et dont les solutions ne sont pas notifiées avec plus de solennité que les décisions ministérielles.

Advienne que le particulier, condamné en ces bizarres premières instances, soit en temps utile pour en interjeter appel, c'est au Conseil d'État que se portent ses doléances.

Là, ce serait lui, faible individu aux prises avec la puissance, qui devrait être considéré comme *mineur*, et, à ce titre, être efficacement protégé par la jurisprudence du Conseil et par les organes du ministère public.

Tout au contraire, c'est l'État qui jouit, au Conseil, du bénéfice de la *minorité*. Les antécédens nombreux, qui se sont établis avant la charte de 1830, sur des systèmes arrêtés de déchéance,

de rigorisme syllabique et d'interprétation toujours fiscale, déterminent une jurisprudence trop uniformément hostile aux intérêts
privés.

Le Conseil d'État devrait avoir pour recommandé, de ne jamais
se fonder sur les *précédents* antérieurs à juillet 1830, et de résoudre les cas douteux, dans le sens le plus favorable à la partie
privée.

De plus, il serait à désirer que les organes du ministère public
près le Conseil d'État ne pussent recevoir l'investiture royale, que
sur la présentation qui serait faite au prince, par les Conseils de
préfecture, de candidats exercés aux affaires contentieuses et in-
dépendants, dont la liste serait toujours ouverte.

La publicité, récemment conquise, pour les discussions au
conseil d'État, serait alors une garantie réelle de l'impartialité
des jugements.

§ 7. *Puissance de la police à amplifier et à régler.*

Paris, comme capitale du royaume et siége du gouvernement,
est le point central d'où tout émane et où tout aboutit. L'étendue
de la cité et sa population en font un vaste foyer de mouvements,
d'agitations et d'intrigues. Là, plus qu'ailleurs, et dans le relâche-
ment de tous les ressorts moraux, il est nécessaire qu'il existe une
autorité à la fois très-surveillante, très-active, très-répressive, qui
protége les personnes et les propriétés, pour le maintien de
l'ordre et de la tranquillité générale.

La police est cette autorité.

Elle se divise en police générale, qui agit sur tout le royaume et
par contre-coup, sur Paris, dont elle assure les approvisionnements
et détourne les causes éloignées de trouble;
Et en police spéciale, confiée à une préfecture *ad hoc*.

C'est sur l'organisation et les actes de celle-ci particulièrement
que je me permettrai quelques observations, auxquelles je suis loin
d'accorder le mérite d'une justesse parfaite, encore moins celui
de l'infaillibilité.

La tâche à remplir par la préfecture de police de Paris, est aussi incommensurable que délicate.

Elle a à garantir, dans tous les temps, la liberté des délibérations des deux chambres ;

La sûreté du trône ;

L'inviolabilité de la justice ;

La dignité des ambassadeurs, des consuls et autres délégués des puissances étrangères ;

Le repos de tous les habitants ;

La correspondance active et passive, avec tout l'univers.

Un seul fonctionnaire est chargé de cette immensité de soins. Il a bien un conseil et des collaborateurs en sous-ordre ; il est bien tenu, dans les circonstances difficiles, d'en référer au Conseil des ministres, dont l'enceinte lui est ouverte ; mais à l'improviste (on en a l'expérience) surgissent des troubles qu'il faut comprimer sur-le-champ. Le préfet est seul pour prendre les mesures nécessaires. Serait-ce trop de lui donner des adjoints à poste fixe ? Un simple juge-de-paix en a bien plusieurs.

Un effet non moins salutaire de cette adjonction sera de mettre la personne du préfet, à l'abri de ces préventions systématiques qui ne manquent jamais de s'exercer par diatribes contre son administration. Il n'en est aucune qui ait plus besoin de la confiance et du respect de tous.

L'action du préfet de police doit être essentiellement préventive. Il est en faute, quand il n'a pas su prévoir et déjouer les complots qui se trament dans l'ombre. Des fonds secrets ne lui sont donnés qu'à cette fin. A qui donc les distribue-t-il, si la société reste en péril ? Où se portent donc les investigations de ses argus stipendiés ? Ce ne doit pas être vers les lieux publics où les factions ne se rassemblent jamais pour conspirer, ni dans aucune de ces habitations notoirement occupées par les citoyens les plus aisés et les plus paisibles.

C'est vers les antres sourds que leur devoir les appelle ; il y en a beaucoup sans doute, mais pourtant le nombre en est circonscrit. Qu'ils se portent de préférence aux contours et aux extrémités de la grande cité ; qu'ils y fassent le cadastre des lieux écartés et des cavités qui les rembrunissent ; qu'ils forment leur carte de perquisition de toutes ces maisons de logeurs de bas étage, en titre ou en fraude, qui recèlent clandestinement les malfaiteurs et leur butin. Que les défenses les plus expresses soient faites à tous ces logeurs de donner asile à quelque individu que ce soit, s'il ne justifie de son identité par ses noms et prénoms, consignés sur des passeports ou des livrets bien en règle et bien authentiques; que les peines les plus sévères soient infligées pour la moindre infraction à ce règlement des maisons garnies et des auberges des faubourgs et de la banlieue.

Il est impossible que ces explorations, si elles sont conduites avec une prudente sagacité, ne mettent pas sous la main de la police une foule de vagabonds et de gens sans aveu, s'ils ne sont pas des repris de justice. Le vagabondage étant classé au nombre des délits et soumis à la peine de détention, ne fera plus de la police administrative, qu'un passage à la police correctionnelle. A l'expiration de la peine, les risques renaîtront pour la société; mais la police n'y peut rien jusqu'à la récidive dûment constatée. C'est aux législateurs à s'assurer des faits et gestes du vagabond libéré et à lui ouvrir un asile où il obtienne sa subsistance par le travail, et qu'il ne puisse ni refuser ni déserter, sans s'exposer à un châtiment plus rigoureux que le premier.

Quant aux repris de justice, qui viennent pulluler surtout dans la capitale, la plupart n'y abondent que parce qu'ils ont fui des localités où leurs jugements les avaient confinés en état de surveillance; ils ont rompu leur ban; ils sont, par cela seul, en prévention légale et doivent être reconduits, par la force, aux lieux où leur conduite est livrée à une inspection journalière.

Par des considérations d'humanité, la faculté de changer de place les mises en surveillance, est accordée. Ce ne doit jamais être qu'à la condition que le sujet suspect fasse sa déclaration, à la municipalité qu'il quitte et à la nouvelle qu'il adopte, où la surveillance le ressaisira. La condition n'a-t-elle pas été remplie, il y a délit de vagabondage continu. Nulle part la police ne doit une minute perdre de vue l'homme qui a une fois démérité de la société.

L'épouvantable série des attentats journellement commis dans la capitale, par les forçats libérés, ne permet pas au gouvernement de tolérer plus long-temps leur affluence à Paris.

Ce qui n'est pas au pouvoir de la police, et qui exige pourtant une prompte détermination de la part du gouvernement, c'est d'ouvrir, pour les vagabonds indisciplinables, un refuge où ils soient mis hors de tout contact avec la société dont ils abjurent les lois. Leur enrôlement par brigades, pour les travaux publics des grandes routes, des canaux, des chemins de fer, des constructions diverses, au compte de l'État, semblerait devoir être la solution du problème. Les vagabonds qui le sont par instinct, par habitude ou par honte de se montrer, sont des ronces sans racines qui ne s'acclimatent nulle part et que le temps dessèche.

Si les mises en surveillance et l'envoi aux travaux publics sont périlleux, pour parer aux graves inconvénients de la sortie des bagnes, et au défaut de moyens d'existence pour les libérés, j'ouvrirais dans chaque département, aux frais de l'État, des maisons d'asile et de travail, où ils seraient nourris et entretenus, en raison de l'utilité de leur emploi.

Sur les produits à en retirer, il serait remis annuellement à l'ouvrier de quoi se procurer quelques petites jouissances. Le surplus serait mis en réserve à son compte particulier, à sa libre disposition, pour lui être délivré lorsqu'il aurait atteint un *maximum* suffisant pour le faire vivre.

Sans doute ces maisons seraient onéreuses à l'Etat; mais elles purgeraient la société de sujets dangereux.

N'étant ouvertes qu'aux forçats libérés et aux vagabonds, elles seraient loin de peser autant sur la chose publique, que la taxe des pauvres en Angleterre.

Ceux des réfugiés, qui se refuseraient à tout travail, seraient logés à part et moins bien traités.

Tout calcul fait, l'érection de ces maisons d'asile serait moins coûteuse à l'État, plus morale et plus sûre que l'exportation des condamnés dans une île déserte, éloignée, que la métropole ne pourrait ni surveiller ni discipliner, et où les bannis ne tarderaient pas à organiser la piraterie.

Après avoir pourvu, autant qu'il est en elle, à la sûreté des habitants de la métropole, que la malveillance chercherait à compromettre, il est une autre police de sûreté préventive, celle qui prévoit les accidents de tous genres, qui surgissent dans une fourmillière telle que Paris, soit de la multiplicité de ses cases, soit des tumultueux épanchements sur la voie publique, soit des germes d'insalubrité recélés dans son sein, soit enfin du déficit ou des altérations des comestibles.

Certes, ce serait trop exiger d'un préfet de police, que d'attendre de lui qu'il obvie à tous ces accidents, en prévenant leur survenance. Mais il peut, par des réglements sages, en diminuer le nombre de beaucoup.

Contre les accidents causés par la vétusté des toitures et des entablements des maisons, il peut avoir des visiteurs architectes, dont l'emploi soit d'inspecter, au moins une fois dans l'année, toutes les habitations, et d'y ordonner toutes les réparations extérieures des vices apparents.

Les accidents sur la voie publique sont causés, ou par le mauvais état du pavage, ou par la saleté et l'encombrement des trottoirs réservés aux piétons.

Les moindres défectuosités du pavage doivent, dans les vingt quatre heures où elles s'aperçoivent, être réparées par les voyers, sous peine d'amende et des dommages et intérêts dont ces préposés salariés seraient responsables, envers les parties lésées.

La police des trottoirs, parmi nous, est encore dans l'enfance, et à l'état d'incurie et de nullité, malgré le bon ordre connu des trottoirs de Londres. Il est sévèrement défendu à Londres, à tous les boutiquiers, d'étaler en saillie quoi que ce soit, encore plus d'encombrer les trottoirs par le dépôt prolongé d'objets quelconques, qui en entravent l'usage pour les passants. Il est enjoint, à tous les propriétaires de maisons, de tenir la partie des trottoirs qui les longe, constamment en état de propreté. Il est défendu à tous d'y verser aucunes ordures.

Ce n'est pas assez que la marche sur les trottoirs soit toujours praticable, facile et sûre, il faut encore qu'elle ne soit pas saccadée par le *va et vient* des ambulants en sens contraire, qui fait qu'ils se heurtent sans cesse, sur un espace fort étroit. Il devrait être convenu, pour ordre, que chaque allant et venant suivra sa droite.

A Londres, chaque rue a son inspecteur particulier qui ne cesse de la parcourir, pour faire observer les réglements et avertir les autorités du moindre désordre. Ces inspecteurs, au plus léger bruit, se réunissent et font cesser le trouble. Paris a ses sergents de ville, mais ils ne sont pas spécialement préposés à l'inspection de telle rue, ni chargés d'avertir les couvreurs, les paveurs, les balayeurs, et de dégager les trottoirs.

L'ère de 1830 fera époque dans les annales de Paris, pour les grands travaux exécutés sur les quais, l'irrigation des rues, les conduits souterrains d'aqueducs, l'éclairage, la suppression de la ferme des jeux et des loteries publiques.

Un assainissement non moins capital, non moins urgent, reste à opérer ; il est déjà en progrès, c'est celui des fosses d'aisance et des dépôts infects de leurs vidanges.

Il y a plus de vingt ans qu'un sieur Cazeneuve a imaginé de substituer, aux fosses d'aisance dont les infiltrations sont si insalubres dans les caves et dans les puits, des fosses inodores dont le récipient est un vaste tonneau fortement cerclé, qui se pose au-dessous du rez-de-chaussée et en correspondance avec le tuyau qui traverse tous les étages. Ce tonneau est enlevé à mesure qu'il est rempli, sans répandre ni exhaler la moindre odeur ; il est conduit immédiatement au bassin de la Villette, et de là transporté par le canal de l'Ourq dans la forêt de Bondi.

Il y a plus de vingt ans aussi, que la ville de Paris a dépensé plus d'un million pour établir, dans cette forêt de Bondi, un parc immense destiné au dépôt et à la dessiccation des matières. Le but était de délivrer la cité des insalubrités du terrible Montfaucon et de l'étang de Loiseau qui la dominent et l'infectent.

Jusqu'ici l'usage exclusif des fosses inodores et l'emploi forcé du parc de Bondi n'ont pu se réaliser. Pourquoi ? c'est que chaque fosse d'aisance de l'ancienne méthode vaut à son constructeur un millier d'écus, et que les vidangeurs gagnent sur les propriétaires une prime annuelle de 200 francs environ ; c'est que d'ailleurs il leur est plus commode et moins dispendieux de n'avoir à conduire leurs débris qu'à Montfaucon, qui est à la porte, au lieu de les éloigner jusqu'à Bondi, qui est à deux lieues. Fallait-il donc cinq lustres pour amener les propriétaires à l'économie si évidente et si pure des *fosses inodores*, et la bureaucratie à ne plus écouter les doléances de Montfaucon ? Le succès des latrines publiques *inodores* aurait dû suffire, pour interdire toutes les autres. Un moyen d'assainissement non moins capital est la réduction des urines en sels que les inventeurs de *l'inodore* avaient aussi opérée, en lui donnant le nom d'*urate* et la qualité d'engrais.

Qu'on en concède le privilége, et bientôt les godets conservateurs seront multipliés, les trottoirs purgés, et la pudeur publique moins choquée.

Ma dernière observation, sur les accidents qui surgissent à Paris, de l'état fortuit des consommations, sera sommaire, quoique la matière comporte seule plusieurs chapitres.

C'est à la police générale du royaume qu'il appartient d'assurer les subsistances de la capitale. L'ancien *bureau de la ville* de Paris y pourvoyait (de concert avec l'intendance et la chambre de la marée), parce qu'il avait juridiction sur la principale avenue, les rivières de la Seine et de la Marne, depuis leur source jusqu'à leur embouchure. Depuis 1789, ce droit de juridiction est aboli, et le grand œuvre de l'approvisionnement de Paris est imparti au ministère de l'intérieur.

Sa mission est de faire tout arriver.

Des greniers d'abondance, aussi spacieux que solides et salubres, ont été construits pour recevoir et emmagasiner tous les grains.

Des abattoirs, sur les quatre points cardinaux de la capitale, sont édifiés pour livrer les bestiaux à la consommation.

Que l'administration générale effectue donc les arrivages. Elle y réussira en dirigeant la culture des céréales, en comprimant la betterave, en défrichant ou desséchant les terres incultes, en déjouant la coupable spéculation des *blattiers* ou monopoleurs qui l'assiégent et qui la séduisent, par leurs fallacieuses assertions : en propageant les nourrits de bestiaux par l'extension des prairies artificielles.

On ne peut s'en prendre, à la préfecture de police, d'aucun des mécomptes qui proviennent de l'imprévoyance ou de l'inhabilité de la haute administration. Son rôle ne commence qu'à la distribution. Assez de soins lui sont commandés en cette occurrence.

La manipulation et la livrance du pain sont sa plus grande affaire.

Elle ne fait pas assez, pour obtenir qu'enfin le pain ne soit confectionné qu'à la mécanique, ce mode désormais étant reconnu pour être le plus sain et le moins compatible avec le mélange de farineux autres que le blé. La rigidité de ses inspections doit empêcher ces mélanges, qui sont toujours frauduleux, s'ils ne sont pas nuisibles.

Je ne dirai rien des livraisons du pain à faux poids. La police judiciaire en est en ces derniers temps si occupée, que, pour les cas de récidive, elle doit déverser son trop plein sur la cour d'assises.

Sa sollicitude doit se porter, en premier ordre, sur les prix auxquels s'élève, dans la main des boulangers, cette denrée de première nécessité. Il semblerait que, dans la transition des magasins à ces confectionnaires, les prix devraient se trouver immédiatement réglés sur les mercuriales. Il n'en est pas ainsi.

La police des marchés est à la fois l'œuvre la plus nécessaire et la plus scabreuse. Son action capitale doit partout s'exercer sur les coalitions des marchands, les mélanges de qualité, le monopole des prix.

La boulangerie à Paris a des délégués, qui correspondent intimement avec la préfecture de police, pour la fixation du prix journalier du pain. Soit dissidence et perte de temps en discussions et vérifications, soit par toute autre cause, il arrive que les réductions de taxe ne se publient et ne s'opèrent que plusieurs jours après la baisse des mercuriales; tandis que les augmentations ont toujours lieu dans les vingt-quatre heures de la hausse. Il est à désirer que Barême se concilie mieux avec les bureaux de la police.

Un mot enfin, sur les altérations que la cupidité ose se permettre dans la qualité des liquides et des comestibles dont le peuple fait sa consommation la plus usuelle, les vins et les viandes salées.

Dans les départements, où la tenue des marchés influe si notablement sur le sort des petits consommateurs, la police des marchés de grains spécialement doit être faite cumulativement par les Conseils de préfectures, les préfets et sous-préfets, de concert avec les maires. C'est la tâche la plus essentielle à remplir par leur juridiction administrative.

A Paris, l'inspection des halles et marchés doit être toujours confiée aux vétérans les mieux éprouvés de la préfecture de police. La halle aux blés surtout devrait sans cesse éveiller toutes leurs sollicitudes. Elle empêcherait le retour de ces coupables associations d'entre les marchands de blés et farines, qui l'ont dominée long-temps. Elle éclairerait la haute administration sur les mesures à prendre à l'égard des détenteurs de la denrée dont le peuple se nourrit.

Il serait bien à désirer que, pour cette denrée particulièrement et pour la viande de boucherie, les droits d'octroi pussent être diminués, sauf à en reprendre le produit sur toutes les consommations de luxe, si recherchées par tous les riches gastronomes.

Le chef-d'œuvre, pour un ministère spécial d'agriculture serait de tenir toujours en balance les prix des mercuriales, de manière que, suivant les localités, le sage cultivateur fût toujours couvert de ses frais de culture et d'une indemnité de son travail, suffisante à l'entretien de sa famille.

Des chimistes gourmets, accrédités par la police, devraient à l'improviste faire des descentes chez les marchands de vins et les charcutiers, pour vérifier s'il ne s'y fabrique pas de mixtions au risque de la santé publique; ou s'il ne se fait pas de trop fortes levées sur la bourse des consommateurs.

J'arrive à mes deux dernières investigations.

§ 8. 1° *Abus dans les opérations et jeux de bourse.* 2° *Insuffisance des Banques.*

Je ne vais m'en expliquer que par annotations : le développement des deux théories m'entraînerait trop loin.

1° *Les jeux de la bourse.*

Je comprends, dans cette locution, les *marchés fermes* aussi bien que les *marchés à terme*. Les uns et les autres sont les éléments de la spéculation et s'appellent indifféremment *opérations de bourse*. Ils s'appliquent aux rentes sur l'État et aux effets publics, tant nationaux qu'étrangers.

Les marchés fermes, portant toujours sur des réalités soit pour la vente, soit pour l'achat, se consomment à des cours actuellement connus ; ce qui ferait croire que les deux parties contractantes traitent en égale connaissance de cause.

Mais il n'est que trop avéré que, d'un coté il y a presque toujours prescience des événements qui doivent influer sur les cours, en hausse ou en baisse. Un procès correctionnel trop fameux nous a appris que, de ce sanctuaire administratif où les télégraphes déposent leurs secrets, des avis précurseurs portent, à des affidés, le conseil d'opérer dans tel sens plutot que dans tel autre. Ces affidés sont ou des puissances financières, ou de simples confidents que la certitude acquise rend téméraires en apparence. Ils jouent à coup sûr; le partenaire est dupe.

Il est telle puissance financière qui n'a pas même besoin du stimulant des télégraphes communiqués, pour se lancer seule dans l'arène du cours; assurée qu'elle est de le dominer par son propre poids, pourvu qu'elle se dissimule. La gente moutonnière suit la direction donnée par une opération majeure à la hausse ou à la baisse. Le cours est coté, et alors il y a des victimes.

Que ces déceptions de dupes ou de victimes se commettent entre Français au détriment des uns et au profit des autres, l'immoralité du moins n'étend pas ses ravages jusqu'à nuire à la société française en masse.

Mais depuis quelques années, le ministère des finances a permis que, sur le marché de la bourse, fussent présentées des valeurs étrangères de tous calibres, la rente d'Espagne aussi bien que la rente de Naples, et qu'elles y fussent cotées régulièrement à l'*instar* des rentes de France. De là, ces renforts de déception qui sont d'autant plus affligeants que c'est la classe ouvrière et des subalternes salariés qui s'y est laissé prendre; induite qu'elle a été, par la *promesse* de gros intérêts, à se dessaisir de capitaux dont la repossession est problématique.

Rendre le sanctuaire du télégraphe impénétrable;

Paralyser la pompe foulante et aspirante des puissances financières;

Interdire la cote des fonds publics étrangers;

Rien de tout cela ne rentre dans les attributions de la police.

Mais le gouvernement, que fera-t-il?

A côté de ces grands spéculateurs, qui opèrent sur les réalités, vient se ranger une tourbe d'agioteurs faméliques, sous le nom de *coulissiers*, qui cherchent à vivre sur les marchés à terme. Ce ne sont pas des contrats proprement dits qu'ils concluent, mais bien des paris ou gageures qu'ils hasardent, sur la hausse ou la baisse des mêmes effets publics; c'est-à-dire qu'ils spéculent, pour un temps donné, sur de futurs contingents ou sur des chimères.

Car celui qui promet de livrer des rentes ou tous autres effets publics à tels cours, dans un ou plusieurs mois, ne possède pas seulement un centime de ces valeurs; il espère qu'à l'échéance elles seront en baisse, et qu'alors il gagnera sur le prix qui en a été stipulé à l'avance.

Et celui qui s'oblige de payer le prix de la vente simulée au cours du jour, jouant à la hausse, n'a pas le premier écu du capital à débourser au terme.

Aussi de part ni d'autre n'entend-on pas remplir son obligation *re ipsa*. En résultat, ces marchés à terme se soldent par de simples différences, qui sont seules exigibles dans l'usage; jamais elles ne le sont en rigueur de droit.

D'anciens réglements de la bourse de 1785 et 1786, et des lois positives de la révolution de l'an X, etc., frappent de nullité tous les marchés à terme. Le code pénal de 1810 les punit comme délits, sous la qualification de paris et de gageures sur les effets publics.

La cour royale de Paris, par une foule d'arrêts fulminants, a persisté à annuler toutes les dettes de *différence de bourse* partout où elle a pu en découvrir les vestiges.

Plus puissante que la loi et que la cour, la compagnie des agents de change tolère l'entremise de ses membres dans les marchés à terme. Presque tous perçoivent des courtages multiples, sur les prix boursoufflés de ces marchés à terme.

Quand et par qui cessera cette cacophonie contraire à la morale, à la loi et aux arrêts? Je l'ignore, aussi bien que l'époque de l'adoption d'un mode, qui ne laisse pas l'agent de change maître d'appliquer, à ses clients, ceux des cours variés d'une même bourse qui leur sont le plus désavantageux.

2° *Insuffisance des banques.*

Ici encore, je ne fais qu'effleurer ce sujet de méditation si digne d'être, au plus tôt, approfondi et exploité par nos législateurs et par nos économistes.

Il est désormais bien reconnu que les richesses, la force des États modernes, tiennent aux progrès du commerce et de l'industrie ; que ces progrès ne peuvent être obtenus qu'à l'aide de capitaux à y conférer ; que les capitaux en numéraire n'y suffisent pas, et qu'ils sont d'ailleurs d'un trop difficile transport, pour pouvoir servir au loin au réglement de toutes les transactions.

Il est reconnu que les signes d'échange, reproduits dans un papier accrédité mis en circulation, fournissent plus abondamment et plus rapidement les soldes de tous les marchés. La merveilleuse création des lettres de change a donné le type de ces valeurs circulantes. Les premiers entremetteurs de ce négoce du papier ont été de simples particuliers, qui ont pris le nom de banquiers.

A leur suite, des compagnies de capitalistes se sont formées, pour faire l'escompte du papier sur une plus grande échelle. Ce sont les banques publiques.

Depuis **1808**, il n'existe plus dans tout le royaume qu'une seule de ces banques publiques, c'est la *Banque* dite *de France*, dont le siége principal est à Paris, avec privilége exclusif.

Inutile de revenir sur les institutions des premières banques, aussi publiques ou par compagnies, que la Banque de France a remplacées. Il suffira de rappeler que celles là étaient les protectrices spéciales du petit commerce, et que par un article formel des statuts de la Banque de France, il a été stipulé qu'elle continuerait de venir au secours de ce petit commerce.

C'est le contraire qui est arrivé.

Les fondateurs de la Banque de France ont été, presque tous, des banquiers ou des négocians fortunés ; gens connaissant le prix de l'argent, amateurs des gros intérêts, peu partisans des risques.

L'établissement qu'ils faisaient instituer par une loi, pour être unique dans le royaume, n'était autre chose qu'un monopole de crédit, envahissant toutes les places sous un régime de liberté. La banque de France aurait seule le droit de créer et d'émettre une espèce de *papier monnaie de commerce*, destinée à faciliter tous les échanges du négoce. Un aussi exorbitant privilége ne pouvait lui être concédé qu'en vue de l'immense utilité publique promise par les fondateurs.

La Banque de France devait ajouter beaucoup, avec ses billets au porteur et à vue, à la somme du numéraire circulant ; accroissement reconnu nécessaire au développement de l'industrie.

Elle devait, avec ses billets de banque, opérer l'escompte, à bureau ouvert, de tous les effets de commerce, lettres de change, billets à ordre, mandats, etc., qui lui seraient présentés revêtus de trois signatures.

Et, parmi ces signatures, devaient être reçues celles du petit boutiquier, de l'artisan, aussi bien que les obligations des maisons de banque particulières les mieux accréditées et des gros manufacturiers ou marchands, pourvu qu'il y eût solvabilité apparente et moralité.

C'était là la condition *sine quâ non* d'un privilége irritant de sa nature.

La solvabilité présumée des petits signataires pouvait, par l'évément, ne pas être vérifiée toujours. C'était là un risque à courir. Mais il est de l'essence de tout négoce d'avoir ses chances bonnes et mauvaises : et l'on ne conçoit pas l'existence d'une banque publique, qui accapare tout le crédit, pour ne recueillir que des bénéfices et ne subir aucune perte.

Ceci bien entendu, on peut dire que la Banque de France est loin d'avoir rempli sa mission et d'avoir répondu à toutes ses promesses.

Elle n'a rien ajouté, ou que bien peu de chose, à la masse du numéraire circulant. En effet, elle a bien émis régulièrement des billets de banque, mais elle n'a pas dépassé, de beaucoup, par ses émissions, la quantité des espèces métalliques à elle versées par ses actionnaires pour leur mise, et restées enfouies dans ses caves depuis sa fondation.

Qu'a gagné le public à cette apparition des billets de la banque, qui a produit l'immobilisation d'autant d'écus?

Rien, ou bien peu de chose.

Car ce qu'il a obtenu d'un côté, il l'a perdu de l'autre.

Tout le service de la banque s'est réduit à diminuer les transports matériels dans Paris, de l'argent monnoyé, ses billets étant d'un maniement plus facile.

La banque de France a encore moins obéi à la lettre de la loi, qui lui enjoignait impérieusement de venir au secours du petit commerce, par ses escomptes.

Ici vient la mysticité des trois signatures.

La question s'est bientôt agitée, à la régence de la banque, de savoir de quelle qualité devraient être ces trois signatures obligées d'après les statuts : et bientôt il a été décidé que ne seraient admises à l'escompte que celles des affidés , c'est-à-dire des banquiers particuliers eux-mêmes, et des négociants faisant chez eux métier d'escompteurs du papier, ordinaire, sans trinité, ou de celui des marchands et artisans classés comme petit commerce.

Ainsi les gros bonnets ont joui exclusivement, à la Banque de France, des bénéfices de l'escompte au taux très-constamment modéré de 4 et de 3 p. 0/0.

Ce même argent qu'ils obtenaient de la banque à si bas prix, qu'est-il devenu dans leurs heureuses mains? Ils l'ont prêté à leur tour au petit commerce, mais non plus au même taux qu'ils l'avaient reçu. Ils le lui ont prêté à l'intérêt de 6 p. 0/0 l'an, qui, avec la commission, l'agio et autres menus frais, s'est élevé à 7 et 8 p. 0/0.

Encore le petit commerce a-t-il dû s'estimer fort heureux de pouvoir négocier son papier à ce prix. Il a dû proclamer la loyauté des donneurs d'argent à si bon marché. Trop souvent il en a rencontré tant d'autres qui, usuriers par état, lui ont fait payer l'argent jusqu'à 10 et 12 p. 0/0.

Étrange anomalie, qui, pendant trente années consécutives a fait que, dans la première ville du monde civilisé, on refusait au petit commerce, dans la rue de la Vrillière, ce qui lui était accordé rue de la Chaussée-d'Antin : comme si le crédit tenait à une localité plutôt qu'à une autre, demandé qu'il était sur la même valeur.

De tout ceci, le résultat est que l'utilité de la Banque de France s'est bornée à enrichir deux ou trois cents comptoirs d'escompte dans la capitale; lesquels très-consciencieusement, en suite de la faveur à eux faite rue de la Vrillière, ont mis à contribution la classe laborieuse des petits producteurs.

Il ne se peut pas que ces abus du monopole de la Banque de France se perpétuent, alors que l'industrie crée journellement de nouvelles branches de production, qui appellent les capitaux : il faut que les signes d'échange les multiplient et que tous les producteurs indistinctement soient admis à s'en aider. Il faut, en un mot, instituer plusieurs banques publiques, qui aient le droit d'émettre des billets circulant comme monnaie.

Ni la variété, ni l'abondance de cette monnaie fictive ne sont à redouter, pourvu qu'elle soit frappée à un coin rassurant.

On conçoit la possibilité de l'institution de banques départementales, qui seraient fondées par les grands propriétaires de chaque département, réunis en société et hypothèquant chacun une portion de leurs immeubles à la garantie de leurs billets de banque. Ce serait l'introduction en France du système de *crédit foncier* : les billets des banques départementales seraient de vraies cédules hypothécaires, assises sur immeubles, à concurrence de leur montant, affecté en priorité. Ces cédules suivraient l'immeuble dans toutes ses mutations, comme des charges foncières ; elles n'auraient aucune échéance et ne tomberaient pas plus en remboursement que la rente foncière. Si elles étaient susceptibles de dépréciation, ce ne pourrait jamais être que par leur contact avec d'autres valeurs circulant, que momentanément et à un faible rabais.

L'expérience en est faite depuis un demi-siècle, en Prusse, où les Phaudebieffs vieillissent dans la circulation sans baisse notable.

Ces banques *foncières* feraient spécialement, avec leurs cédules au porteur circulant comme monnaie, l'escompte du papier à trois signatures et jusqu'à six mois d'échéance, qui lui serait présenté par les cultivateurs et les industriels, même par les ouvriers accrédités près d'elles.

Elles recevraient leurs cédules au pair, en remboursement du papier escompté aux échéances.

Leurs bénéfices, pour fournir aux frais d'administration et indemnités, seraient uniquement ceux d'un escompte modéré, perçu en argent lors des négociations.

Tout en enrichissant les départements du crédit foncier qui y entretiendrait l'activité des travaux, il y aurait un moyen d'y élargir le cercle des consommations. Ce serait d'y ériger des compagnies d'assurance qui garantiraient aux propriétaires, moyennant une prime, la prestation, à jour fixe, de leurs revenus en fermages ou loyers. L'assurance des baux, pour cette partie de leur exécution, porterait les propriétaires à ne plus faire, sur leurs revenus annuels, d'aussi fortes réserves ou économies, en prévoyance de leur éventualité. Le besoin ou la manie des épargnes nuisent toujours à la consommation. Il faut que le riche dépense pour que le pauvre puisse vivre.

§ 9. *Désordre dans les travaux publics.*

Un état dont les dépenses ne sont pas judicieusement ordonnées et consciencieusement exécutées, marche à grands pas vers sa ruine. C'est la famille qui se laisse dévorer par des enfants ineptes, avides et prodigues.

Sous la rubrique des *travaux publics*, je comprends ceux du pouvoir exécutif qui ordonne, et ceux de l'administration qui exécute.

Sur le pouvoir exécutif, ordonnateur.

D'après son organisation en monarchie constitutionnelle, je maintiens sa liste civile, telle qu'elle est réglée pour la dignité du trône. Il importe à tous qu'elle puisse acquitter ses charges naturelles de représentation et de bienfaisance.

Je maintiens également la division du pouvoir ordonnateur, dans les huit ministères désormais institués. On ne saurait trop multiplier les moyens d'action et de surveillance, dans un empire aussi vaste que la France.

Seulement je regrette que les ministres soient obligés, pendant les sessions législatives, d'employer tout leur temps à la composition de discours pour la tribune des deux Chambres, et à des assistances continues de leur personne.

Je désirerais qu'à chaque ministère fût attaché un orateur en titre, avec mission de composer les discours, sur les données de son ministre, et d'aller aux Chambres défendre les opinions ainsi que les propositions qui y seraient développées. Cette idée n'est pas de moi : M. le comte Beugnot, lorsqu'il était ministre de la marine, m'en fit part, tout affligé qu'il était de voir se perdre, en discussions, un temps si précieux pour l'expédition des affaires.

C'est singulièrement l'organisation et le personnel des bureaux qui me semblent devoir, un jour, subir des réductions notables.

La décentralisation du pouvoir administratif concentré à Paris, réclamée de toutes parts, conduirait promptement à ce résultat. Par cette mesure le nombre des emplois, dont se compose la bureaucratie, pourrait être, avec le temps, considérablement diminué dans chaque ministère. J'ai vécu dans un temps où les bureaux de la guerre, à Versailles et à Paris, n'employaient que quatre-vingts commis, et le contrôle général des finances, une centaine au plus.

Il n'est pas de ma compétence d'examiner si la multiplicité des bureaux, dans chacune des administrations, y est réellement indispensable. L'organisation des rouages de la machine qui doit fonctionner appartient à l'ordonnateur. C'est à lui de juger si ces divisions et ces subdivisions, où se répètent les enregistrements, les copies de pièces et de correspondance, de rapports et de révisions, ne font pas des doubles emplois, des surcharges inutiles, qu'une sage économie devrait supprimer peu à peu, à mesure des extinctions, ou par la concession de traitements de retraite.

Sur l'exécution des travaux publics ordonnés.

Ou le gouvernement exécute les travaux par lui-même, c'est-à-dire par ses agents et pour son propre compte, ce que vulgairement on appelle *par économie :* ou il fait exécuter par des entrepreneurs, à prix défendu, par le moyen des devis et marchés, ce qui se dit *travaux à l'entreprise.*

Pour ces deux espèces de travaux, l'administration a des directeurs spéciaux, qui déterminent le mode d'opérer et les conditions, les programmes à remplir, le temps de l'œuvre, le prix des matières à employer et de la main-d'œuvre.

Elle a sa direction des mines et sa direction des ponts-et-chaussés.

Ces deux institutions, qui tiennent à la science, ont leurs codes, qui règlent le cours des études des aspirants à y professer et la délivrance des diplomes de capacité. Sous ce rapport, je crois que la loi a été assez prévoyante.

Mais elle n'a rien statué sur la moralité des récipiendaires : elle n'a pas supposé qu'aucun de ces fonctionnaires administratifs pût se rendre coupable de légèreté dans la combinaison de ses plans, de négligence dans l'inspection journalière des confectionnements, de la qualité des matières premières et de la précision dans leur assise. Elle n'a prononcé aucune peine contre leur impéritie ou leur négligence.

L'intérêt de la chose publique n'exigerait-il pas que, pour chaque mal façon avérée, l'ingénieur qui y a donné lieu fût déclaré passible de dommages et intérêts envers les parties lésées, même envers l'État, qui est mineur, et qui lui avait confié cette partie de sa fortune, comme à un tuteur éclairé et vigilant?

Je ne parle pas de ces actes de complaisance que le crédit ou l'opulence de certains propriétaires pourraient arracher à la conscience de l'un de ces tuteurs de l'État ; encore moins de ces *laissé aller* que d'insidieux entrepreneurs tenteraient d'obtenir. Je suis convaincu, quoi qu'on en dise, que ces sortes d'abus se commettent très-rarement.

Ma conviction se fonde sur ce dont j'ai été le témoin admirateur avant la révolution, de la parfaite moralité, même de l'extrême délicatesse, dont faisaient profession tous les ingénieurs des ponts-et-chaussées, sous la direction du vertueux Peyronnet, constructeur du pont de Neuilly. Son école était rue de la Perle.

Mais la révolution a relâché tant de ressorts, qu'ici il se pourrait qu'il en vînt un à manquer. La possibilité doit suffire, pour que l'on exige de tous ceux qui dirigent des travaux publics, des cautionnements proportionnés à l'importance de leur direction.

Ne pourrait-on pas réveiller ce vieil instinct d'honneur, cet amour si puissant de la considération qui électrisait nos pères, en fondant, pour chaque département, des prix à décerner annuellement, avec solennité, à la meilleure culture, à l'action la plus généreuse ou à la plus louable, à l'ouvrier le plus habile et le plus assidu? On couronne bien les rosières!

Il y aurait sans doute pour le meilleur avenir de la vie sociale, bien d'autres réformes à faire, bien d'autres institutions à proposer ; mais ma prétention n'a pas été de relever ici tous les abus ni d'indiquer tous les spécifiques, encore moins de donner des leçons à qui que ce soit, dans un traité *ex professo* d'économie politique. Je n'ai entendu qu'émettre mon idée sur les rouages les plus saillants de la machine.

Il en est un dernier que je ne puis omettre dans l'intérêt de la morale publique et du bon ordre.

§ 10 *Fondation d'un jury d'équité.*

Presque toute ma vie a été employée à recevoir les secrets des familles, à entendre les plaintes des pères contre leurs enfants, des enfants contre leurs pères, des femmes contre leurs maris et réciproquement, des bienfaiteurs contre des ingrats, des amis trompés, des promesses trahies.

Aucune de ces plaintes, quoique légitimes et souvent irritantes, n'était autorisée par une loi positive; aucun de ces coupables ne tombait sous les coups de sa répression. Il n'y avait, et il n'y a encore pour calmer tant de douleurs, que de vains palliatifs. Les mauvais penchants ne sont pas corrigés; les mauvais procédés ne cessent pas : l'humanité continue d'être outragée et souffrante.

Il fut une époque où l'on songea à interposer, dans les familles du moins, un modérateur des torts que la loi ne redressait pas. On créa des tribunaux de famille, auxquels chaque membre lésé pouvait recourir pour faire cesser la lésion, par des *mezzo termine* que l'homologation du tribunal rendait exécutoires.

J'ai toujours sincèrement regretté que cette institution domestique n'ait pas pu prendre racine. Peut-être faut-il l'attribuer à la compétence dont les tribunaux de famille avaient été investis, en matière d'intérêts de fortune et pour les autres cas prévus par les lois positives.

En votant leur rétablissement, j'estime qu'ils ne doivent être que des juges de moralité, dont les pouvoirs seraient circonscrits dans les bornes de la conciliation ou de la transaction imposée aux uns et de la correction infligée aux autres.

A l'égard des méfaits d'ingratitude, d'inhumanité et de mauvaise foi, j'ai toujours vivement désiré que l'on instituât un *jury d'équité* qui serait chargé de ramener chacun aux devoirs que le droit naturel, la raison, l'honneur lui imposent.

En Angleterre, il existe un tribunal d'*équité*, dont la mission toute morale est de régler les cas réservés dont la loi ne s'occupe pas.

Je ferme ici le cercle déjà trop étendu de mes observations. Ceux qui ont fait leurs études de l'art de gouverner et d'administrer un grand État sauront rectifier ce qu'elles ont d'inexact et ajouter à ce qu'elles laissent d'incomplet, avec tout le poids de leur autorité et tout l'ascendant de leur expérience.

CONCLUSION.

Depuis trois siècles le génie du commerce tend à régler seul le sort des nations : il a fait naître, entre elles, des rivalités dont la marche inégale a porté plus d'une atteinte au droit de la nature et des gens. Les prétentions de l'une d'elles, à la suprématie et même à l'exclusion, ont soulevé contre le commerce des autres, des difficultés devenues extrêmes, les abus et les dangers que je signale et dont je leur propose de se préserver, dans un congrès général des puissances européennes.

Depuis cinquante ans, la France, déchirée par le choléra des révolutions, (dont les accès plus d'une fois ont failli la faire périr) est distraite de ses intérêts commerciaux par le travail d'une constitutution nouvelle, substituée à la monarchie pure sous la quelle elle avait tant grandi.

Elle est enfin parvenue, en 1830, à asseoir les bases de cette constitution, dans un gouvernement représentatif monarchique, dont l'essence est la liberté des personnes, l'égalité des droits.

Il ne sagissait plus, pour la rendre à la plénitude de sa puissance extérieure, que d'arrêter les lois organiques de la pairie, de la responsabilité des ministres et des administrations municipales que la charte de 1830 avait mises à l'urgence.

Au lieu de lui donner ce complément, tel que le comporte tout gouvernement représentatif, on s'est perdu dans des discussions qui ne tendent qu'à le dénaturer et auxquelles je propose de mettre un terme.

Appelée par sa position au partage de la puissance commerciale, la France, enfin constituée, doit se préoccuper de l'intérêt des masses, du sort des travailleurs surtout qui sont les agens de la production : et c'est singulièrement sur cette thèse capitale, à laquelle sont subordonnés tous les progrès de l'industrie française, que mes propositions se pressent et se correspondent. Puissent-elles être accueillies !

Publié le 8 janvier 1840.

TABLE DES MATIÈRES.

IMP. BLONDEAU.